dtv

Reihe Hanser

Was ist eigentlich Religion? Warum sind die Religionen alle so ernst? Woher kommt ihr Problem mit der Sexualität? Und warum liegen sie im Streit miteinander? Braucht man überhaupt eine Religion und einen Gott, um religiös zu sein? – Auf all diese Fragen gibt Gerhard Staguhn Antworten. Antworten, die zeigen, dass Religion nicht nur »Glaubenssache« ist, sondern auch ein großes geistiges Abenteuer. Sein Buch wendet sich an junge Menschen, die nach Werten und einer Orientierung fragen – vielleicht nicht nur, aber auch in der Religion.

Gerhard Staguhn, 1952 in Bayern geboren, lebt als freier Autor und Wissenschaftsjournalist in Berlin. In der *Reihe Hanser* sind neben seinen erfolgreichen naturwissenschaftlichen Sachbüchern und den ›Warum‹-Bänden bereits erschienen: ›Gott und die Götter – Die Geschichte der großen Religionen‹ (dtv 62259) und ›Warum die Menschen keinen Frieden halten – Eine Geschichte des Krieges‹ (dtv 62337).

Gerhard Staguhn

Wenn Gott gut ist, warum gibt es dann das Böse in der Welt?

Fragen an die Religion

Deutscher Taschenbuch Verlag

Gerhard Staguhn in der *Reihe Hanser* im dtv:
›Warum fallen Katzen immer auf die Füße?‹ (dtv 62190)
›Gott und die Götter‹ (dtv 62259)
›Die Rätsel des Universums‹ (dtv 62079)
›Sonne, Wind und Regen‹ (dtv 62451)
›Die Suche nach dem Bauplan des Lebens‹ (dtv 62238)
›Warum zerplatzen Seifenblasen?‹ (dtv 62291)
›Warum die Menschen keinen Frieden halten‹ (dtv 62337)

Das gesamte lieferbare Programm der *Reihe Hanser*
und viele andere Informationen finden Sie unter
www.dtvjunior.de

2011 Deutscher Taschenbuch Verlag GmbH & Co. KG,
München
© Carl Hanser Verlag München 2006
Umschlaggestaltung: Caroline Ennemoser unter Verwendung
eines Bildes von Gallery Stock/Chloe Sells
Gesetzt aus der Bembo 10,5/13,5˙
Gesamtherstellung: Druckerei C. H. Beck, Nördlingen
Gedruckt auf säurefreiem, chlorfrei gebleichtem Papier
Printed in Germany · ISBN 978-3-423-62470-1

Inhalt

Vorwort

Man mag über die Religion und die einzelnen Religionen denken, was man will – sie gehören wesentlich zum Menschsein dazu. Die Religion ist in der Welt, seit es den Menschen gibt, und daran wird sich auch in Zukunft nichts ändern. Wer weiß, ob Menschsein ohne das Religiöse überhaupt denkbar ist.

Jeder hat so seine Fragen an die Religion, egal, ob er gläubig ist oder nicht. Weil jeder so seine Fragen ans Leben hat. Die Religion bietet Antworten auf diese Lebensfragen an; sie sind von Religion zu Religion verschieden, in ihrem Wesenskern jedoch gleich.

Doch die Religion gibt nicht nur Antworten auf Sinnfragen, sondern sie wirft ihrerseits viele Fragen auf – und ist selbst ein einziges Fragen: Warum gibt es die Welt? Wozu sind wir auf der Welt? Wohin geht die Reise? Fragen, die an die Wurzel gehen; sie zielen ins Zentrum unseres Daseins. Darin ist die Religion mit der Philosophie nah verwandt. Fragen stellt man, weil man verstehen will. Die Religion will verstehen, aber sie selbst ist es wert, verstanden zu werden, gerade auch in ihren Widersprüchen.

Ich will verstehen! Dieser Wunsch ist der eigentliche Antrieb für die Fragen, die in diesem Buch versammelt sind. Dabei geht es nicht um bloße Neugier oder um reines Wissenwollen, sondern um eine bestimmte Weise, die Wirklichkeit der Religion wahrzunehmen und sich über sie klar zu werden: unvoreingenommen, aufmerksam und mit gebührendem Zweifel. Denn der Zweifel, so hat ein Philosoph gemeint, ruht am Fuße der Wahrheit.

Die gut zwei Dutzend Fragen, die auf den folgenden Seiten gestellt und beantwortet werden, sind aber nicht nur aus dem Zweifel entstanden, sondern viel mehr noch aus einem echten Herzensinteresse an der Religion. Die gegebenen Antworten sind weiß Gott nicht die einzig möglichen. Sie werfen selbst wieder zahlreiche Fragen auf, ja, sie werden bei manchem Leser auch Widerspruch wecken. So soll es sein. Denn die Religion ist kein Felsbrocken, der unerschütterbar in der geistigen Landschaft steht. Dann wäre die Religion tot. Aber sie ist lebendig, sie wirkt in der Welt – leider nicht nur im Guten.

Die Fragen, die in diesem Buch verhandelt werden, sind bevorzugte Fragen des Autors und damit nicht unbedingt mehrheitsfähig. Es gibt unzählige andere religiöse Fragen, die nicht weniger interessant sind. Gerade auch in der Vielfalt der Fragen, die die Religion aufwirft, erweist sich ihre Lebendigkeit.

Jede dieser 26 Fragen steht für sich, auch wenn es zwischen ihnen zahlreiche Überschneidungen gibt. Man kann sie also in beliebiger Reihenfolge lesen. Am besten fängt man mit jener Frage an, die am meisten Interesse weckt. Denn »Interesse« bedeutet ursprünglich nichts anderes als »dabei sein«, »teilnehmen«. Das Buch ist eine Einladung zur Teilnahme am kritischen Gespräch über Religion in kritischer Zeit. Dabei ist es unerheblich, ob man selber religiös ist. Irgendwie ist jeder Mensch religiös gestimmt, ob ihm das klar ist oder nicht.

Was ist Religion?

Wissen wir eigentlich, was Religion ist? Ich denke nicht. Schon das Wort schillert in tausend Farben. Wissen wir, was unsere eigene Religion oder besser: unsere ganz persönliche Religiosität ist? Selbst mit dieser Frage wird so mancher Schwierigkeiten haben. Also stellen wir erst einmal nüchtern fest: Es gibt ein Problem bei der Beantwortung dieser Frage. Und das ist gut so. In Fragen der Religion ist jede leichte Antwort verdächtig.

»Ich bin Christ« zu sagen bedeutet noch nicht viel. Entscheidend ist, was man als Christ – oder Jude, Muslim, Hinduist oder Buddhist – tut. Wann und wo gelingt es mir, die christliche oder sonstige Heilsbotschaft in Handeln umzusetzen?

Wie steht es für mich als Christ zum Beispiel mit der Auferstehungsgewissheit, die doch im Zentrum des christlichen Glaubens steht? Ist sie nicht den meisten von uns Allerweltschristen stillschweigend abhandengekommen? Und erst, wenn wir ins Detail gehen! Was ist das, was sich Katholizismus nennt? Was ist das, was sich Protestantismus nennt? Wenn wir ehrlich sind: Wir wissen es nicht so genau.

Wir könnten alle heiligen Schriften des Christentums und aller anderen Religionen studieren und würden wahrscheinlich immer noch nicht wissen, um was es letztlich bei dem Ganzen geht. Die Frage zielt auf etwas anderes; sie zielt auf einen selbst. Denn du kannst Christ sein und bist am Ende doch ein ganz mieser Typ. Ja, Religion kann man sich ankleben wie ein Etikett, mit dem sich vortrefflich Schwindel treiben lässt – Etikettenschwindel.

Das ganze Dilemma mit der Bestimmung von Religion beginnt ja schon damit, dass wir gemeinhin durch einen Willkürakt zum Christen, Juden oder Muslim gemacht werden, durch einen rituellen Akt am Neugeborenen. So werden wir Christen, indem man uns als Säugling tauft. Dabei werden wir naturgemäß nicht gefragt, ob wir überhaupt ein Christ sein wollen. Vielleicht wären wir ja viel lieber Jude, Muslim oder Buddhist. Sollte so etwas Wichtiges nicht jeder Mensch im Vollbesitz seiner Geisteskräfte selbst entscheiden? Tatsächlich gibt es christliche Kirchen, etwa die evangelischen Baptisten, die das so sehen: Sie taufen nur Erwachsene, weil nach ihrer Auffassung allein der bewusst an Christus Glaubende getauft werden sollte. Das muss natürlich nicht heißen, dass einem Baptisten die Antwort auf die Frage, was seine eigene Religiosität ist, leichter fällt.

Schauen wir einmal im Lexikon nach; das ist bei allen Fragen als erster Schritt empfehlenswert. Im Lexikon findet man unter dem Stichwort »Religion« den aufschlussreichen Hinweis, dass sich das Wort vom lateinischen »religio« ableitet, was »Gottesfurcht« bedeutet. Religion wäre demnach eine von Furcht bestimmte geistige Beziehung zwischen dem Menschen und einem Gott oder mehreren Göttern. Religion ist so gesehen zuerst mal ein Gefühl, und zwar eines, das wir gemeinhin als unangenehm empfinden: Furcht. Aus Furcht und Angst entsteht zumeist nichts Positives. Doch auch die Furcht kann sich zum Positiven wenden – und genau das geschieht in der Religion. Aus Furcht wird Ehrfurcht – Ehrfurcht vor dem Schöpfer und seiner Schöpfung.

Von dem Schriftsteller Adalbert Stifter (1805–1868) gibt es ein kleines, wunderbares Stück Literatur, in welchem der Leser – jeder Leser! – spürt, was in einem Menschen vorgeht, der von einem religiösen Gefühl ergriffen wird. Von Stifters berühmter Beschreibung der Sonnenfinsternis des Jahres 1842 ist die Rede, von jenem Moment, da der Mond die Sonne vollständig verdeckt: »Wir hatten uns das Eindämmern wie etwa ein Abendwerden vorgestellt, nur ohne Abendröte; wie geisterhaft aber ein Abendwerden ohne Abendröte sei, hatten wir uns nicht vorgestellt, aber auch außerdem war dies Dämmern ein ganz anderes, es war ein lastend unheimliches Entfremden unserer Natur; gegen Südost lag eine fremde gelbrote Finsternis, und die Berge und selbst das Belvedere wurden von ihr eingetrunken – die Stadt sank zu unsern Füßen immer tiefer wie ein wesenloses Schattenspiel hinab, das Fahren und Gehen und Reiten über die Brücke geschah, als sähe man es in einem schwarzen Spiegel – die Spannung stieg aufs Höchste – einen Blick tat ich noch in das Sternrohr, er war der letzte; so schmal, wie mit der Schneide eines Federmessers in das Dunkel geritzt, stand nur mehr die glühende Sichel da, jeden Augenblick zum Erlöschen, und wie ich das freie Auge hob, sah ich auch, dass bereits alle andern die Sonnengläser weggetan und bloßen Auges hinaufschauten – sie hatten auch keines mehr nötig; denn nicht anders als wie der letzte Funke eines erlöschenden Dochtes schmolz eben auch der letzte Sonnenfunken weg, wahrscheinlich durch die Schlucht zwischen zwei Mondbergen zurück – es war ein ordentlich trauriger Anblick – deckend stand nun Scheibe auf Scheibe, und dieser Moment war es eigentlich, der wahrhaft herzzermalmend wirkte – das hatte keiner geahnet – ein einstimmiges ›Ah‹ aus aller Munde und dann Totenstille, es war der Moment, da Gott redete und die Menschen horchten.« So einfach ist Religion – und so tief greifend, so tief ergreifend.

Religiosität ist in ihrer reinsten Form ein »herzzermalmendes« Gefühl – dieses bescheidene Gefühl der Unwissenheit angesichts der Natur mit ihren rätselhaften Ereignissen, ihren unendlichen Räumen um uns her und in uns. Religiosität ist ein Gefühl für das All, worin, mal zart, mal heftig, das unbestimmte Wissen von etwas Allmächtigem aufscheint. In solchen Momenten des gefühlten Religionsfunkens kommt mir immer der Gedanke, dass man darin mit allen Menschen, die jemals gelebt haben und jemals leben werden, vereint ist. Besonders stark ist dieses Gefühl beim Blick in den sternklaren Nachthimmel, der ein Blick in die Unendlichkeit ist. Egal, ob diesen Blick ein Vertreter des Homo sapiens vor 50 000 Jahren getan hat oder unsereins heute – es ist der gleiche Blick und der gleiche Anblick und das gleiche ergreifende, ehrfürchtige Gefühl, das sich dabei einstellt. Die Stärke dieses Gefühls, so darf man vermuten, bestimmt den Grad der Religiosität.

Religion, so scheint es, liegt dem Sinnlichen näher als dem Gedanklichen. Der Ursprung des Religiösen läge demnach im Anschauen der Schöpfung und dem Staunen über sie. Alles, was danach an Gedanken und Gedanken-konstruktionen hinzutritt, wäre Theologie. Das heißt: Ursprüngliche Religiosität ist ohne jede Theologie möglich. Das ist eine wichtige Erkenntnis, die wir in Gedanken gleich zweimal unterstreichen; sie besagt, dass man religiös sein kann, ohne eine Religion zu haben. Religiosität ist etwas ganz und gar Persönliches, sie besteht vollkommen für sich und ist von keiner Anschauung eines anderen Menschen abhängig. Religiosität ist Ausdruck höchster innerer Freiheit.

In solch einem Moment gefühlter Unendlichkeit kann es passieren – muss aber nicht! –, dass die eigene winzige Endlichkeit eins wird mit dem Unendlichen. Man fühlt sich als ewig in einem einzigen Augenblick. Und ich vermute, dass dies der Keim aller Religion ist. Sehr schön hat diese »gefühlte Religion« der Theologe und Philosoph Friedrich Schleiermacher (1768–1834) in folgenden Worten zum Ausdruck gebracht: »… und wenn ihr so mit dem Universum, soviel ihr hier davon findet, zusammen-geflossen seid, und eine größere und heiligere Sehnsucht in euch entstanden ist, dann wollen wir weiterreden über die Hoffnungen, die uns der Tod gibt, und über die Unendlichkeit, zu der wir uns durch ihn unfehlbar em-porschwingen.« Da ist von Gott noch überhaupt nicht die Rede, weil das Gefühl, das einen erfasst, jenseits aller Worte liegt. »Gott« ist halt auch nur ein Wort unter vielen. Doch eines steht fest: Man kann Gott nicht haben ohne die unendliche Welt, die uns umgibt und die wir in uns bergen bis in die Atome hinein, aus denen wir be-stehen.

13

Etwas ganz Entscheidendes folgt aus alldem: In der Religion steht die Idee eines Gottes gar nicht so hoch, wie wir gemeinhin denken. Denn mit dem an sich nichtssagenden Wort »Gott« wird das ursprüngliche Gefühl des Staunens auf eine abstrakte Idee hin verengt, eben auf die Gottesidee. An die Stelle des unpersönlichen, aber »herzzermalmenden« All-Gefühls tritt der Glaube an einen persönlichen Gott. Daraus kann sich ein Problem ergeben. Im System der Religion, also der Theologie, kann der Sinn für das Ganze verloren gehen, bis es auf einmal nur noch um den richtigen Glauben geht – und darum, dass alle anderen den falschen haben. Der Glaube wird leidenschaftlich und dabei parteiisch. Diese Leidenschaft kann sich bis zum Fanatismus steigern.

Könnte es nicht sein, dass die Religionen des Ostens, wie der Buddhismus, so wenig zum Fanatismus neigen, weil sie im ursprünglichen »herzzermalmenden« Gefühl verharren, diesem Gefühl des Einsseins mit dem Universum? Sie verzichten auf die Idee eines persönlichen Gottes. Der religiöse Mensch des Ostens bleibt dadurch innerlich frei; er tut alles *mit* Religiosität, aber nicht *aus* Religion. Daraus entspringt seine Fähigkeit zur Gelassenheit. Diese ist womöglich das religiöseste Gefühl von allen – und deshalb auch so schwer zu erringen.

Also, was ist nun Religion? Antwort: ein großes Gefühl, vermutlich das größte, das ein Mensch haben kann. Religion ist der Widerhall des Universums in einem selbst. Daraus ergibt sich, was Religion nicht ist: Sie ist kein Sklavendienst an irgendeinem Gott, keine furchtsame Unterordnung unter eine überweltliche Macht, keine Gefangenschaft im muffigen Dogmenkeller irgendeiner Kirche. Sie ist Ausdruck allerhöchster Geistesfreiheit. Wahre Religion ist nur in Freiheit zu haben, weil alle Wahrheit nur aus der Freiheit entspringt. Wo sich das Religiöse mit der Unfreiheit und der Dummheit gemein macht, wird es zur Pseudo-Religion und zur Lebenslüge.

Warum gibt es die Religion?

Man stelle sich vor, es gäbe von einem Tag auf den andern keine Religion mehr. Und wenn schon!, wird so mancher sagen. Davon würde die Welt nicht untergehen. Ist es nicht ohnehin so, dass hierzulande die Religion im Leben der meisten Menschen keine bedeutende Rolle mehr spielt? Und dennoch – der Gedanke, es könne die Religion vollkommen aus der Gesellschaft verschwinden, befremdet doch sehr. Wer weiß, ob damit die Gesellschaft nicht noch gänzlich ihre Seele verlöre oder gleich ganz aufhörte zu sein. Denn die Werte, die den Zusammenhalt der Gesellschaft garantieren – also Grundwerte wie Nächstenliebe, Friedfertigkeit oder Achtung fremden Eigentums –, haben ihre Wurzeln in der Religion. Die Religion ist die ursprünglichste Werteschöpferin. Das heißt nicht, dass die Religion die einzige Hüterin der Werte ist. Es bedeutet auch nicht, dass allein der religiöse Mensch die Werteordnung vertritt. Doch selbst ein Atheist mit hohen ethischen Prinzipien wird nicht bestreiten können, dass auch seine Werte religiös verwurzelt sind.

Die Frage, warum es die Religion gibt, ist letztlich nicht zu beantworten. Man könnte genauso gut fragen, warum es die Menschheit gibt. Es gibt sie, weil sie da ist. Und die Menschheit zeichnet sich unter anderem dadurch aus, dass sie von Anbeginn religiös war. Menschheitsgeschichte ist Religionsgeschichte. Es stimmt zwar, dass sich der Ursprung der Religion im Nebel der Urgeschichte verliert, aber ganz gewiss können wir von Menschsein erst sprechen, wo Urformen des Religiösen, also etwa die kultische Totenbestattung, auftreten. Homo sapiens ist der wissende Mensch, und »wissend« meint zuallererst das Wissen um die eigene Sterblichkeit. Die Religion gibt es, weil der Mensch ein denkendes, ein fragendes Wesen ist. Die Tiere haben keine Religion, weil sie über ihr Dasein und dessen Endlichkeit nicht nachdenken. Auf den Punkt gebracht: Die Religion gibt es, weil der Mensch ein besonders großes und leistungsfähiges Gehirn hat.

Längst hat sich aus diesem Grund auch die moderne Hirnforschung mit dem urmenschlichen Phänomen der religiösen Erfahrung befasst. Zu diesem Zweck hat sie das menschliche Gehirn genauestens unter die Lupe genommen, jenes rätselhafte und unvergleichliche Organ, das für alle unsere Gedanken und Gefühle zuständig ist. Wie alle unsere menschlichen Regungen, so entstammt auch die Spiritualität, also unser religiöses Empfinden, diesem »Drei-Pfund-Universum« unter der Schädeldecke.

Mit einer sogenannten SPECT-Kamera ist es den Hirnforschern möglich, diesem unnahbaren und verborgenen Organ bei der Geistesarbeit zuzusehen. Feinste Durchblutungsmuster des Gehirns lassen sich damit aufzeichnen, woraus man Rückschlüsse auf die Hirnaktivität ziehen kann. Denn besonders aktive Hirnregionen müssen mit mehr Blut versorgt werden als weniger aktive. Jene Regionen, die im Gehirn gerade besonders aktiv sind, leuchten auf dem Kamerabild grellrot auf.

Mit dieser Methode hat man zum Beispiel die Gehirne

meditierender tibetischer Mönche erforscht. Es zeigte sich, dass auf dem Höhepunkt der meditativen Versenkung das Stirnhirn eine erhöhte Aktivität aufweist. Doch gleichzeitig tritt am Hinterkopf, im sogenannten Scheitellappen, Ruhe bei den Nervenzellen ein. Normalerweise arbeitet dort das Gehirn geradezu hektisch, um die ständig von außen eingehenden Sinneseindrücke zu bewerten und zu sortieren. Nur so kann das Ich vom Rest der Welt getrennt bleiben. Diese scharfe Trennung zwischen dem Selbst und der Außenwelt verschwimmt während der Meditation. Ein Gefühl des Eintauchens in eine höhere Wirklichkeit ist die Folge, eine Auflösung des Selbst, ein Einssein mit dem All.

Doch damit nicht genug. Der indische Hirnforscher Vilayanur Ramachandran meint, eine Region im Gehirn entdeckt zu haben, die auch ohne Meditation religiöse Gefühle erzeugt: der Schläfenlappen hinter dem linken Ohr. Dieser ist eng mit dem sogenannten limbischen System des Gehirns verschaltet, das vor allem für unsere Gefühle zuständig ist. In dieser Hirnregion hinter dem linken Ohr vermutet der Forscher eine Art von »Gottesmodul«, also ein Hirnareal, das für die Religiosität zuständig ist. Wird dieser Hirnbereich im Laborexperiment durch magnetische Felder mit einem ganz bestimmten Schwingungsmuster gereizt, entsteht nach einer gewissen Zeit bei der Versuchsperson ein starkes religiöses Gefühl. Sie spürt eindringlich die Anwesenheit eines höheren Wesens, einer nie erlebten seelischen Kraft. Das Experiment funktioniert auch bei Menschen, die bis dahin keinerlei Hang zum Religiösen zeigten. Ihr erstes »Gotteserlebnis« verdanken sie einem künstlichen Magnetfeld und ihrem linken Schläfenlappen. »Gott« auf Knopfdruck, wenn man so will.

Die moderne Hirnforschung stellt also nüchtern fest: Religion entspringt bestimmten Bereichen unseres Gehirns. Allerdings braucht uns diese Erkenntnis gar nicht zu erstaunen. Wo sollte Religion sonst entstehen, wenn nicht im Gehirn? Für Hirnforscher unterscheiden sich religiöse Menschen von nicht religiösen nur dadurch, dass ihr »Gottesmodul« leichter reizbar ist oder aus irgendwelchen Gründen in einem ständigen Reizzustand verharrt.

Es gibt nun Menschen, die zeitweise von regelrechten Gewittern im linken Schläfenlappen, hervorgerufen durch eine Art Nervenkurzschluss, erschüttert werden. Man spricht von Epilepsie. Fast einhellig berichten Epileptiker, dass sie sich während solcher Anfälle mit dem Schöpfer eins fühlen oder dass Gott direkt mit ihnen spricht. So muss es nicht weiter verwundern, dass man Epileptiker in früherer Zeit nicht als Kranke, sondern als von Gott Berührte angesehen hat. Man meinte nicht, sie heilen zu müssen, sondern man verehrte sie als Heilige.

Nun ist das alles gewiss sehr interessant. Doch irgendwie hinterlässt das, was die Hirnforscher zur Entstehung religiöser Gefühle zu sagen haben, eine gewisse Unzufriedenheit. Es sieht nämlich so aus, als wäre der religiöse Glaube nur eine Folge überreizter oder magnetisch stimulierter Hirnareale, also ein Produkt von Gehirnen, in denen die normalen Abläufe durcheinandergeraten sind. Der »normale« Mensch wäre demnach nicht religiös. Religiosität würde reduziert auf eine mehr oder weniger gestörte Biochemie des Gehirns. Eine schlimmere Abwertung des religiösen Glaubens ist kaum vorstellbar. Für Gott wäre da kaum noch Platz. Oder anders: Gott existierte ausschließlich im Gehirn des Gläubigen und nirgendwo sonst.

Auf den ersten Blick scheinen solche Forschungsergebnisse die Atheisten zu bestätigen. Denn diese behaupten, dass der Mensch sich Gott (in seinem Kopf) erschaffen habe. Religion als buchstäbliches Hirngespinst. Und wenn schon! Die wahrhaft göttliche Musik eines Bach oder Mozart entstand auch in einem Gehirn, und wenn wir sie hören, geschieht das ebenfalls mithilfe unseres Gehirns. Gott zu denken beweist zwar nicht, dass es ihn gibt, aber selbst wenn Gott nur eine Erfindung des menschlichen Geists ist, so zählt diese Erfindung zu den bedeutendsten, die der Mensch überhaupt gemacht hat. Von Menschheit kann nur gesprochen werden, wo Gott als Möglichkeit gedacht wird. Dass dies nur auf der Grundlage des menschlichen Gehirns geschieht, ist keine Abwertung Gottes und des Glaubens an ihn. Denn diese eine grundlegende Wahrheit muss auch der religiöse Mensch anerkennen: dass Religion im Gehirn entsteht, nicht anders als Musik, Poesie, Mathematik, Philosophie oder die simple Fähigkeit, ein Bein vor das andere zu setzen.

Das alles mag aufs Erste ernüchternd wirken, aber es ist die Nüchternheit aller Wahrheit. Niemand wird plötzlich die Liebe für wertlos erachten, nur weil er erkennt, dass auch sie im Gehirn entsteht. Die Erkenntnisse der modernen Hirnforschung sollten von daher nicht als Beleg einer gottlosen Welt gedeutet werden. Im Gegenteil: Man könnte die Deutung wagen, dass im göttlichen Schöpfungsplan ein Gehirn vorgesehen war, das den Glauben an einen Schöpfer hervorbringt. Denkbar wäre ja auch ein Gehirn, in welchem für Gott kein Platz ist. Aber was, so fragt man sich, hätte Gott von einem Universum, in dem es niemanden gibt, der an ihn glaubt? Aus göttlicher Sicht wäre es ein vollkommen sinnloses Universum.

Wozu braucht der Mensch
die Religion?

Die ältesten erhaltenen Weltkarten stammen aus babylonischer Zeit, also aus dem 3. Jahrtausend v. Chr. Auf diesen Karten ist die Erde als flache Scheibe dargestellt, die auf dem Ozean schwimmt. Babylon ist der Mittelpunkt dieser Scheibe. Ein Machtzentrum als den Mittelpunkt der Welt zu setzen, nur weil es das eigene ist, ist im Grunde schon ein religiöser Akt. Etwas äußerst Wichtiges drückt sich darin aus, was eigentlich bis in unsere moderne Weltanschauung hinein gültig geblieben ist: Der Mensch, wenn er die Welt betrachtet, stellt sich immer ins Zentrum derselben. Mehr noch: Er betrachtet bei dieser Welt-Anschauung letztlich immer nur sich selbst. Nur so scheint der Mensch das bedrückende Gefühl der Kleinheit und Verlorenheit loswerden zu können. Im Mittelpunkt rückt er mühelos auf einen königlichen Platz.

So geben die alten babylonischen Karten auch Auskunft darüber, was die Menschheit überhaupt zum religiösen Glauben gebracht hat: das Bedürfnis nach Sicherheit und Geborgenheit, nach einem festen Standort in der Mitte. Seine eigene Mitte zu finden, was immer das heißen mag, wird noch heute von vielen als ein Hauptmotiv der religiösen Suche vorgebracht. Denn an den Rändern droht das Chaos, die Auflösung, der Tod.

Gewiss, es gibt in unserer modernen Welt genügend

Menschen, die sehr gut ohne Religion auskommen — behaupten sie. Aber in den meisten Fällen ist es wohl so, dass auch sie in irgendeiner Form religiös sind, ohne sich dessen bewusst zu sein. Dem Menschen kann nämlich alles zur Religion werden: die Liebe, die Kunst, die Politik, der Fußballsport oder sonst eine Leidenschaft. Das nennt man dann Ersatzreligion. Offensichtlich kann der Mensch nur existieren, wenn er von Herzen an etwas glaubt.

Religion — mit oder ohne Gott — ist somit ein elementarer Bestandteil jeder menschlichen Gesellschaft. Religion ist ein Naturbedürfnis oder besser: ein Kulturbedürfnis des Menschen seit mindestens 40 000 Jahren. Aber was hat die menschliche Gesellschaft davon, dass ihre Mitglieder einen Großteil ihrer Zeit und Energie darauf verwenden, einem Gott zu huldigen oder Menschen als »Götter« anzuhimmeln? Die Anthropologen, also die Erforscher der menschlichen Wesensart, können zum Beispiel sehr gut erklären, wieso die frühen Jäger und Sammler ihre Nahrung mit allen Gruppenmitgliedern geteilt haben; aber es fällt ihnen schwer zu sagen, wieso sie gleichzeitig einen nicht unerheblichen Teil dieser Nahrung auf Altären verbrannten. Eigentlich sollte ein derart verschwenderisches Verhalten von der Evolution bestraft werden, da diese doch alle Lebewesen dazu anhält, ihre Lebensgrundlagen (Ressourcen) möglichst schnell zu gewinnen und möglichst wirksam zu nutzen. Wertvolle Nahrung — ja, manchmal sogar eigene Stammesmitglieder — auf Altären zu opfern, könnte man schlichtweg als Wahnsinn abtun. Die Religion müsste man, zumindest in ihrer Urform, ins Reich der geistigen Verirrungen verweisen. Doch wenn die Religion nur eine Form von Wahnsinn wäre, hätte sie es wohl kaum vermocht, während 40 000 Jahren die Entwicklung der Menschheit so grundlegend zu prägen, ja, zum Erfolg derselben in so hohem Maße beizutragen.

Aber was ist dann der Nutzen der an sich nutzlosen Religion? Dazu geben die Wissenschaftler, wie das so ihre Art ist, eine nüchterne Antwort: Das Religiöse hält die menschliche Gemeinschaft zusammen. Als Bindekräfte spielen in den Religionen vor allem das Ritual und der Kult eine bedeutende Rolle. Streng geregelte Rituale und weihevolle Kulthandlungen erzeugen ein starkes Zusammengehörigkeitsgefühl. Deshalb nehmen gerade auch Diktatoren für ihre öffentlichen Inszenierungen Anleihen bei religiösen Kultformen.

Kurzum: Religion schafft Bindung, und Bindung schafft Gemeinschaft. Diese Bindung entsteht nicht allein durch Riten und Kulte, sondern ebenso durch Gebote, Verbote und eine Fülle von Verpflichtungen, die für jedes Mitglied der Religionsgemeinschaft bindend, also verbindlich sind. Erstaunlicherweise ist die Hingabe der Mitglieder an die religiöse Gruppe umso größer, je zahlreicher die Beschränkungen sind, die ihnen von dieser auferlegt werden. Damit ließe sich erklären, wieso meistens jene Religionsgemeinschaften den stärksten Zulauf haben, die ihren Anhängern am meisten abverlangen. Freilich gilt das in den modernen Gesellschaften unserer Tage nicht mehr, weil das religiöse Gefühl in ihnen grundsätzlich geschwächt ist.

Doch allein mit ihrer gesellschaftlichen Bindungskraft lässt sich die Macht der Religion nicht zufriedenstellend erklären. Zu den Ritualen, Kulten, Geboten und Verboten tritt in den Religionen noch als Entscheidendes der Glaube an Gott oder an viele Götter hinzu. Und gerade auch die Unbeweisbarkeit überirdischer Wesen stärkt die Hingabe der Religionsanhänger. Für den Gläubigen wird eine Gottheit zur unumstößlichen Wahrheit – und das nicht trotz, sondern gerade wegen ihrer Unbeweisbarkeit. Denn die Gotteswahrheit wird nicht mit dem Verstand, sondern durch Intuition gefunden also durch ahnendes Erfassen. Ursprünglich ist mit »Intuition« die »unmittelbare Anschauung« gemeint. Man »schaut« die Gottheit, ohne sie zu sehen. Und genau das verleiht der religiösen Intuition ihre Kraft, erst recht, wenn alle Gruppenmitglieder diese heilige Krafterfahrung machen. Deshalb legen die Religionen auch so großen Wert auf gemeinsame Gottesdienste, Gebete und Kommunion, was ursprünglich nichts anderes als »Gemeinschaft« bedeutet.

Das alles versetzt eine Religionsgemeinschaft erst in die Lage, einen engen sozialen Zusammenhalt herzustellen. Dieser kann so stark sein, dass auch der Tod nicht mehr gefürchtet, ja womöglich sogar herbeigesehnt wird als ein Einswerden mit der Gottheit. Dieser soziale Zusammenhalt durch Religion war für den Erfolg der Spezies Mensch in der Evolution von großer Bedeutung. Religion ist einigend, mag sie aufs Erste auch noch so einengend erscheinen – etwa im klösterlichen Leben von Nonnen und Mönchen. Auch heute noch vermag die religiöse Gemeinschaft der Zerstreuung und Vereinsamung entgegenzuwirken, von der die moderne Gesellschaft bedroht ist. Das erweist sich vor allem in Krisenzeiten und bei Katastrophen als nützlich.

Es kommt noch ein weiteres »Bindemittel« des Religiösen hinzu: Sie vermittelt wie keine andere gesellschaftliche Kraft moralische Werte. Religion ist die stärkste erzieherische Kraft in der Menschheitsgeschichte. In den Religionen sind letztlich alle fundamentalen Werte begründet, die eine Gesellschaft zusammenhalten. Denn die zeitlose Mission der Religion liegt ja gerade darin, die ganze Welt zu einer besseren Welt zu machen. Seid gut, seid freundlich, hilfsbereit, mitfühlend, seid ehrlich und sittsam! Das rufen alle Religionen dem Menschen zu. Das Tragische an der Religion ist leider, dass ihr Ruf oft missverstanden und ins genaue Gegenteil verkehrt wird.

Die Religionen sind also angetreten, die bösen Kräfte im Menschen zu bezwingen, ihm Wege zum persönlichen Frieden und zum Frieden mit seinen Mitmenschen aufzuzeigen. Dass das nicht immer funktioniert, liegt nicht an der Religion, sondern am falschen Gebrauch durch den Menschen. Die Religion bietet dem Menschen nichts Geringeres als eine umfassende Sammlung sittlicher Lebensgrundsätze. Aber in Taten umsetzen muss sie jeder Mensch für sich selbst.

Haben wir damit schon den ganzen Sinn der Religion erfasst? Wohl kaum. Die Religion allein von ihrem gesellschaftlichen Nutzwert her zu betrachten bleibt unbefriedigend. Sie erscheint so nur als ein Mittel zum gesellschaftlichen Zweck, mag dieser auch noch so bedeutsam sein. Die Frage nach dem Wozu ist damit nicht erschöpfend beantwortet; sie zielt tiefer. Sie zielt auf unsere einmalige, unwiederbringliche Existenz. Das heißt, dass Religion – auch in ihren Ersatzformen – etwas mit unserer

Sterblichkeit zu tun hat, unserer alltäglichen Gefährdung. Jede Stunde kann unsere letzte sein. Die Sterblichkeit ist der schmerzliche Stachel in unserem Dasein, die schlimmste Kränkung, die wir »Ebenbilder Gottes« durch die Natur erfahren. Der Tod weckt in uns den Wunsch nach Unsterblichkeit, in welcher Form auch immer. Mithilfe der Religion vermag der Mensch seine Angst vor dem Lebensbegleiter Tod zu bannen. Die Religion behauptet, dass es nach dem Tod noch ein anderes Leben gibt und dass dieses von ewiger Dauer sein wird. Dieses Versprechen ist freilich so ungeheuerlich, dass es uns schwerfällt, daran zu glauben. Auch im religiösen Menschen bleibt stets ein Zweifel, ob dieses religiöse Versprechen auch eingelöst werden wird. Aber echter Glaube muss wohl ein zweifelnder Glaube sein.

Die Religion betrachtet das irdische Leben, das nur eine kurze Zeit währt, als eine Art Probe auf das jenseitige Leben – und der Tod, so behauptet sie, ist nur ein Übergang. Und genau darin erschließt sich der Sinn unseres kurzen, stets bedrohten Lebens. Die Toten, so verheißt die Religion, sind nicht tot. Jede der großen Religionen gibt dieses Versprechen in anderer Form.

So weit, so gut. Oder so schlecht. Wenn wir nämlich vor uns selber ehrlich sind, dann müssen wir zugeben, dass uns das alles immer noch nicht zufriedenstellt. Soll Religion wirklich nur eine Methode der Angstabwehr sein? Damit wäre sie auch wieder nur ein Mittel zum Zweck, eine Art von geistigem Beruhigungsmittel. Wird denn, so fragen wir uns, das irdische Leben schon dadurch sinnvoll, dass ihm ein überirdisches Leben nachfolgen soll, von dem wir uns keine Vorstellung machen können? Wird unser Leben dadurch nicht abgewertet? Das Leben soll also nichts weiter sein als die Generalprobe zu einem ewigen Theaterstück, das im Jenseits gespielt wird. In der Tat haben die Religionen das Leben auf diese Weise abzuwerten versucht; sie haben es als eine einzige Abfolge von Leid und Schmerz hingestellt und versucht, dem Menschen das Schöne und Lustvolle am Leben madig zu machen. Soll das Leben wirklich keinen Wert in sich selbst haben? Und genau hier berühren wir den Punkt, um den es letztlich geht: Was ist der Sinn des Lebens? Denn ohne Sinn und Folgerichtigkeit fällt dem Menschen das Dasein schwer. Das Denken selbst beruht ja auf dem Anerkennen von Sinn und Folgerichtigkeit. Indem wir aber beides in unserem Leben suchen, zielt diese Suche zwangsläufig auf einen letzten, unzerstörbaren Sinn, nach einer ewigen Folgerichtigkeit, in die unser kurzes Erdendasein eingebettet ist. Also denkt der Mensch zwangsläufig über sein Leben hinaus – und entdeckt die Religion als eine mögliche Antwort auf die Frage nach dem Sinn.

Doch die Religion ist keine Freifahrkarte für ein sinnvolles Leben. Sinn stellt sich nicht automatisch ein, nur weil ich an einen Gott oder an viele Götter glaube. Auch der Weg zu Gott kann ein Irrweg sein oder zur Sackgasse werden. Es kann nämlich bei der ganzen Sinnsucherei etwas Entscheidendes fehlen: Liebe. Alles, was die Religion verheißt, erreicht man nur über die Vermittlung der Liebe. Exakt in diesem Punkt sind sich alle Religionen einig bei allen Unterschieden. Es gibt keine Religion, die ohne die Liebe auskäme. Sie ist die Hefe im Glaubensteig. Wer liebt – und zwar bedingungslos –, *ist* religiös. Er ist es selbst dann noch, wenn er mit Religion nichts am Hut hat.

Wozu Religion? Ganz einfach: weil sie in ihrem innersten Wesen ein einziges Versprechen auf die Liebe ist.

Kann uns die Religion sagen, wozu wir auf der Welt sind?

Dass der Mensch sich die Frage nach dem Sinn stellt, zeigt, wie wichtig er sich nimmt – und doch gleichzeitig spürt, wie unbedeutend er ist im großen kosmischen Zusammenhang. In diesem Kosmos mit seinen unendlichen Räumen und Zeiten kräht kein Hahn nach der Menschheit.

Jeder kennt diese Tage, an denen uns mächtig und dunkel die Frage überfällt: Wozu das ganze Theater? Wir werden sterben. Im gnadenlosen Licht dieser Tatsache erscheint das Leben als sinnloses Gezappel. Ein Loch tut sich in unserer Seele auf, in das hineinzublicken uns schwindlig macht. Also denken wir schnell an etwas anderes. Ja, es gibt ein tiefes Loch in unserer Seele, das täglich gefüllt sein will, damit es uns nicht so schrecklich angähnt. Andernfalls fühlen wir uns leer. Füllmasse fürs Seelenloch wird uns von allen Seiten angeboten. Wir probieren alles Mögliche, um dieses Loch zu füllen: Essen, Trinken, Beziehungen zu Menschen, Kunst, soziales und politisches Engagement, Geld verdienen und Geld ausgeben, Sport, die Natur genießen, Reisen, Unterhaltung usw. Doch das nützt alles nichts. Wir werden sterben. Das Loch verschluckt die ganze Füllmasse, und schon gähnt es uns wieder an.

Im jüdischen Glauben heißt es, dass dieses Seelenloch die Gestalt der Tora habe, der fünf Bücher Mose, die das geschriebene Gesetz des Judentums sind. Für die Christen hätten entsprechend die vier Evangelien die Gestalt dieses Lochs, für die Muslime der Koran, für die Buddhisten die Predigten Buddhas, für die Hindus der Veda. Diese und andere heilige Bücher sind die Lebensadern der religiösen Werte der Welt. Sie sollen als göttliche Offenbarungen Sinn stiften in einem als sinnlos empfundenen Dasein. Die Religionen verheißen Sinn durch Gottesoffenbarung. Doch niemand soll sich täuschen: Gott macht es dem Sinnsucher nicht leicht. Der Lebenssinn fällt nicht vom Himmel. So erzählt eine jüdische Geschichte von einem Mann, der die 5422 Seiten des Talmud (das mündliche Gesetz der Juden) durchgegangen war und das voller Stolz dem Rabbi berichtete. Worauf dieser ihn anblickte und meinte: »Sehr gut. Aber nun sage mir, ob der Talmud auch durch dich gegangen ist?«

Der Sinn ist nicht einfach da, er stellt sich auch nicht irgendwann ganz von selber ein, sondern muss von jedem Einzelnen gesucht und gefunden werden. Den einen Lebenssinn für alle gibt es nicht. Nur die Sehnsucht nach Sinn ist bei allen Menschen gleich. Diese Sehnsucht, die eine Sinnsucht ist, könnte man auch als ein Verlangen der Seele nach der Wirklichkeit und Wahrheit des Lebens deuten. Was zählt eigentlich im Leben, und was ist nur belangloses Beiwerk?, so lautet die Frage. Und genau an diesem Punkt versucht die Religion sich ins Spiel zu bringen, indem sie auf Gott verweist. Ohne Gott, so gibt die Religion unmissverständlich zu verstehen, wird die Sinnsuche erfolglos bleiben. Außerhalb von Gott stellt sich der Sinn nicht ein. Wer sich nach Sinn sehnt, der sehnt sich nach Gott, ob ihm das klar ist oder nicht. Die katholische Philosophin und Nonne Edith Stein (1891–1942, als Jüdin ermordet im KZ Auschwitz) sagte es ähnlich: »Wer die Wahrheit sucht, der sucht Gott, ob es ihm klar ist oder nicht.« Oder mit biblischen Worten: »Meine Seele dürstet nach Gott, nach dem lebendigen Gott.« In dieser Sehnsucht nach Gott, dieser Suche nach Wahrheit, versucht der Mensch über sich selbst, über sein endliches Dasein als intelligentes Tier hinauszukommen. Er versucht sich über all das Bedrückende, Vergängliche, Falsche und Bedeutungslose seiner Existenz zu erheben, die Enge des bloß Irdischen abzustreifen, sich zu erlösen von dem Gewöhnlichen und Dürftigen der aufeinanderfolgenden Tage. Denn trotz aller Nähe zu geliebten Menschen fühlt man sich letztlich doch einsam, geängstigt und verloren. Denn wir wissen: Jeder stirbt für sich allein.

So sagt die Religion – und sie sagt es gern in dem hohen Ton, den wir soeben angeschlagen haben –, dass an Gott kein Weg vorbeiführt. Doch an dieser Stelle ist ein Einschub nötig: Nicht nur die Religion gibt Antwort auf die Sinnfrage, auch die Philosophie hat sich darin versucht, seit es sie gibt. Die Philosophie ist die große Gegenspielerin der Religion, aber auch ihre Weggefährtin. Der vorerst letzte große Versuch der Philosophie, eine Antwort auf die Sinnfrage zu geben, fand während und nach dem Zweiten Weltkrieg statt, als den Menschen die ganze Sinnlosigkeit dieses grauenhaften Kriegs zu Bewusstsein kam, während die Welt schon in den nächsten und dann wohl letzten (atomaren) Weltkrieg zu taumeln drohte. Das war die große Zeit des Existenzialismus, der in Frankreich von den Schriftsteller-Philosophen Jean-Paul Sartre (1905–1980) und Albert Camus (1913–1960) begründet wurde. Er fand bei großen Teilen der intellektuellen Jugend starken Widerhall. Der Existenzialismus versuchte eine zeitgemäße Antwort auf die Sinnfrage zu geben, ohne Gott und ein Jenseits zu bemühen.

In einem Dasein ohne Gott – schon der Philosoph Friedrich Nietzsche (1844–1900) hatte Gott für tot erklärt – ist die Einsamkeit die grundlegende Erfahrung des in die gottlose Welt »geworfenen« Menschen. Aus dieser Einsamkeit entspringt eine Grundangst, die ihn unablässig heimsucht. Es ist die Angst vor dem Nichts, genauer: vor der Sinnlosigkeit alles dessen, was auf dieses Nichts unrettbar zustrebt. Denn das Ziel des Lebens ist der Tod und damit das Nichts. Aus dieser existenziellen Tatsache erscheint die ganze Welt – und darin besonders die Aktivitäten des Menschen – als eine absurde Theaterveranstaltung. Und daran würde nicht einmal die Existenz eines Gottes etwas ändern. Zumindest würde auch ein Gott das Alleinsein des Menschen nicht aufheben können.

Für den Existenzialisten ist der Mensch nicht einem Gott, sondern allein sich selbst verantwortlich. Darin liegt seine schwerste Bürde, aber auch seine Freiheit. Der Existenzialismus ist also eine atheistische Philosophie. Sie sucht ohne Gott nach einem Halt für den Menschen in einer haltlosen Welt. Und dieser Halt kann nur im Menschen selbst liegen. Im Existenzialismus verabschiedet sich der Mensch von der Vorstellung, es könne nur innerhalb der Religion einen letzten Sinn geben.

Nach Sartre ist der Mensch »verurteilt, frei zu sein.

Verurteilt, weil er sich nicht selbst erschaffen hat, andererseits aber dennoch frei, da er, einmal in die Welt geworfen, für alles verantwortlich ist, was er tut.« Oder anders: Der Mensch ist in jedem Augenblick dazu verurteilt, sich selbst zu erfinden, sein Leben optimistisch auf Ziele hin zu entwerfen und zu verwirklichen. Das heißt: Sinn durch Hingabe an ein Ziel. Sinn durch Engagement für eine Sache. Leider tut sich an diesem Punkt gleich wieder ein Problem auf: Wer sagt, dass eine Sache, die man selber für sinnvoll hält, auch wirklich sinnvoll ist?

Der Sinn des Lebens, so sagt der Existenzialismus, ist von jedem Einzelnen auf der Grundlage seiner existenziellen Freiheit »in der Tat« zu verwirklichen. Damit liegt der Sinn des Lebens im persönlichen Leben selbst und nicht außerhalb von ihm, vor allem nicht in einem Jenseits nach dem Tod, wie die Religion es verspricht. Weil das Leben im Tod endet, kann der Sinn des Lebens nur im Leben selbst liegen als alltägliche tätige Verwirklichung der persönlichen Freiheit. Um mit Sokrates (um 470 v. Chr. – 399 v. Chr.) zu sprechen: Philosophieren heißt, sterben zu lernen, den Tod nicht mehr zu fürchten.

Also, was macht man mit seinem Leben? Nun, man lebt es. Gewiss, der Tod lässt unser Leben als sinnlos erscheinen, doch dabei vermag gerade er dem Leben seinen tiefsten Sinn zu geben. Das Leben kann überhaupt nur sinnvoll sein, weil es irgendwann ein Ende hat. Kein absurderes Leben ist zu denken als das ewige Leben. Sinn entsteht nur auf der Grundlage der Endlichkeit des Lebens. Unser Verschwinden von der Welt im Tod kann man, wie der Buddhismus es tut, auch als eine Erlösung betrachten: ein

Verschwinden ins rettende Nichts, in die ewige Ruhe. Bis dahin aber, so verkündet der Existenzialismus, gilt es, tätig zu sein gemäß einem moralischen Gesetz, das wir in uns tragen. Dieses Gesetz begründet sich auf dem Guten, dem Humanen, dem, was die Religionen unter Liebe verstehen. Sinn stellt sich ein, wo man Gutes tut. Damit ist der Existenzialismus in letzter Konsequenz ein Humanismus und eine Philosophie des sozialen Engagements.

Und schon ist wieder ein Problem da: Wer sagt, ob das, was man für gut hält, auch wirklich gut ist? Exakt an diesem Punkt berührt der Existenzialismus dann doch wieder die Religion. Denn auch sie verknüpft den Sinn mit dem Guten, Humanen, mit der Liebe. Jede Religion ist Verkünderin der guten Tat – und der bedingungslosen Liebe zu Gott und den Menschen. Tue Gutes und widersetze dich dem Bösen, so fordern die Religionen ohne Ausnahme. Freilich wird das Gute in einem übergeordneten, nämlich göttlichen Zusammenhang gesehen: Man tue Gutes, weil Gott es von einem erwartet – und weil es dem eigenen Seelenheil nützt. Hier kommt ein religiöser Egoismus zum Vorschein, den man dem Glauben allerdings nicht zum Vorwurf machen sollte. Denn es geht, wie wir schon festgestellt haben, bei der Sinnsuche ganz egoistisch um den Sinn des *eigenen* Lebens. Niemand sucht nach dem Lebenssinn seines Nächsten, mag ihm dieser auch noch so lieb und teuer sein.

Und dennoch weist die Religion über diese persönliche, egoistische Sinnsuche hinaus, indem sie die Verwirklichung des Guten zum höchsten Ziel der Menschheitsgeschichte erhebt. So verkünden die Religionen in großer Einhelligkeit, dass jeder, der sich in seinem Leben dem Guten verschreibt und das Böse bekämpft, seinen Beitrag leistet zur Verwirklichung des höchsten, von Gott gesetzten Menschheitsziels. So wird etwa im jüdischen Glauben die messianische Zeit erst kommen, wenn alle Menschen gut sind. Dieses jüdische Erbe wirkt sowohl im Christentum als auch im Islam fort. In allen drei Religionen gewinnt das menschliche Dasein seinen Sinn allein über das Gute, das Sittliche. Das Gute (als das Bejahende und Schöpferische) ist die tiefste Bedeutung der Welt. Der Glaube an den Sinn von allem kann nur der Glaube an das Gute sein.

Das führt uns zu einer etwas verrückten Einsicht: Der Sinn des Lebens erschließt sich nur dem, der an das Gute glaubt. Das heißt zugespitzt: ohne Glauben kein Sinn. Der Glaube an das Gute bedarf aber selbst wieder eines Fundaments, damit er angesichts des Bösen in der Welt nicht ins Wanken gerät. Dieses Fundament muss ein Absolutes und Unbedingtes sein. Der absolute und unbedingte Grund von allem aber ist Gott. Der Glaube an das Gute ist somit vom Glauben an Gott nicht zu trennen. Denn das Gute ist ja von Gott; es ist durch ihn gleichsam vor den Menschen hingestellt als etwas, das er in seinem Dasein zu verwirklichen hat.

Alles reichlich verwirrend. Aber so ist das halt, wenn man sich mit Gott beschäftigt – und es wird gleich noch verwirrender. Ein altes Problem der Religion tritt ans Licht, nämlich die Widersprüchlichkeit des »guten Gottes«: Wenn Gott Schöpfer von allem ist, ist er dann nicht auch Schöpfer des Bösen? Und wenn es so wäre? Es änderte nichts daran, dass der Sinn nur aus dem Guten erwächst, nicht aus dem Bösen. Das Böse zerstört den Sinn, weil es von Grund auf dem Schöpferischen entgegensteht. Es vernichtet, weil es sich mit dem Nichts verbündet. Indem das Böse jede sittliche Wertordnung verneint, führt es geradewegs in die Sinnlosigkeit. Deshalb verströmt jedes Verbrechen den kalten, schockierenden Hauch der Sinnlosigkeit und Verzweiflung.

Die Religion ist damit allerhöchste Sinnstifterin im Angesicht des Bösen, weil sie selbst durch Gott dem Guten verpflichtet ist. Umso schlimmer, wenn im Namen der Religion Verbrechen begangen werden; es wird dann Gott selbst zu einem Gott des Bösen umgedeutet. Das muss in letzter Konsequenz zur Zerstörung der Religion führen. Denn eine Religion, die Sinnlosigkeit in die Welt bringt, führt sich selbst ad absurdum.

Zugegeben, das klingt doch alles reichlich abgehoben und ein bisschen predigerhaft. Von Sinn lässt sich leicht reden, solange man in intakten Sinnzusammenhängen lebt, also in einer Gesellschaft, die sich in ihrer Verfassung dem Guten verpflichtet fühlt und sich dabei auf Gott beruft. Aber wie schnell kann dem Menschen dieser Sinn abhandenkommen, wenn Not und Leid die Oberhand gewinnen bis hin zum blanken Entsetzen! Da hat schon so mancher Mensch seinen Glauben an Gott verloren und damit den Glauben an das Gute. Denn es ist ja nicht so, dass einen der Glaube an Gott vor dem Bösen bewahrt. Gott legt ja keinen undurchdringlichen Schutzmantel um all jene, die an ihn glauben. Ein direkter Lohn für den Glauben ist von Gott nicht vorgesehen. Wer von schweren Schicksalsschlägen heimgesucht wird, dem stellt sich die Sinnfrage ganz neu. Er muss sich als ein von Gott Verlassener fühlen, vollkommen ausgeliefert an die Sinnlosigkeit. Da hat schon manch einer seinen Gott verflucht.

Doch es gibt auch das andere: dieses große »Und dennoch«, das in der Bibel so eindringlich im Buch Hiob geschildert wird. Dort stehen die schrecklichen, die Unergründlichkeit Gottes bezeugenden Worte: »Er rettet den Elenden durch sein Elend.« Der Sinn dieses Satzes ist nur schwer zu begreifen. Wie stark muss ein Glaube sein, dass man auch noch im furchtbarsten Leid eine gute Gabe Gottes zu sehen vermag und die eigene drohende Vernichtung als einen Weg des Lebens! In dem wunderbaren, ergreifenden Buch »Jossel Rakovers Wendung zu Gott« von Zvi Kolitz wird die biblische Hiob-Geschichte neu erzählt: Ein Widerstandskämpfer im Warschauer Ghetto des Jahres 1943, der alles verloren hat, was ihm lieb war, geht jetzt, im Angesicht des eigenen nahen Todes, mit seinem Gott hart ins Gericht: »›Gott Israels‹, sagte er, ›ich bin hierhergeflohen, dass ich Dir ungestört dienen kann: um Deine Gebote zu tun und Deinen Namen zu heiligen. Du aber tust alles, dass ich nicht an Dich glauben soll. Wenn Du aber meinen solltest, dass es Dir gelingen wird, mich mit diesen Versuchungen vom richtigen Weg abzubringen, ruf' ich Dir zu, mein Gott und Gott meiner Eltern, dass es Dir alles nicht helfen wird. Magst Du mich auch beleidigen, magst Du mich auch züchtigen, magst Du mir auch wegnehmen das Teuerste und Beste, das ich habe auf der Welt, und mich zu Tode peinigen – ich werde immer an

Dich glauben. Ich werde Dich immer lieb haben, immer –
Dir selbst zum Trotz!«

Und so steht am Ende die geradezu erschütternde Frage, ob die Frage nach dem Sinn nicht eine vollkommen
sinnlose Frage ist. Wenn dem so wäre, dann wären auch
die Antworten der Religionen sinnlos. Denn auf sinnlose
Fragen gibt es nur sinnlose Antworten.

Und wo ist Gott?

Die Tatsache, dass sich Gott nicht sehen lässt, könnte zu dem Schluss verleiten, dass es ihn nicht gibt – der klassische Gedankenkurzschluss. In der Tat sind viele Menschen der festen Überzeugung, dass Gott die genialste Erfindung des Menschen ist. Solche durchaus ernst zu nehmenden Menschen nennt man Atheisten. Die Gottesidee, also die Idee von etwas Unbeweisbarem, ist für sie eine sinnlose Konstruktion. Atheisten sind Menschen, für die nur das Gewusste zählt. Diese Haltung ist durchaus zu bewundern, denn mit einem Glauben an Gott lebt es sich gewöhnlich leichter. Der Atheist macht sich keine Illusion. Es gibt für ihn keinen höheren Sinn, keine göttliche Bestimmung. Das Leben ist das, was es ist. Basta.

Es heißt, dass auch der Atheismus einen Gott voraussetzt. Denn um etwas verneinen zu können, muss es erst mal da sein. Atheismus wäre demnach der Versuch, ganz von Gott loszukommen. Doch dieser Versuch muss misslingen. Im Denken des Atheisten ist Gott stets gegenwärtig, vielleicht sogar mehr als im Gehirn eines Durchschnittsgläubigen. Und wer sagt eigentlich, dass nicht auch ein Atheist ein gottgefälliges Leben führen kann? Schließlich kommt es auch vor, dass Gläubige ein unmoralisches Leben führen.

Für den Philosophen Immanuel Kant (1724–1804), der die Würde des Menschen in seiner sittlichen Existenz suchte, war klar, dass es den sittlichen Menschen nur geben kann, wenn es auch Gott gibt. Ein humaner Atheist würde also durch seine hohe Sittlichkeit nur beweisen, dass Gott existiert. Der französische Schriftsteller Albert Camus (1913–1960) war allerdings der Meinung, dass der Gottesglaube geradezu ein Hindernis auf dem Weg zu echter Menschlichkeit sei, denn die Allmacht Gottes lasse für die Freiheit des Menschen keinen Raum. Wenn es also einen sittlich freien Menschen geben soll, so Camus, dann dürfe es keinen Gott geben. Camus übersieht allerdings, dass Gott für das Menschsein des Menschen gar nicht zuständig ist. Andernfalls könnte man ja auch die Verbrechen der Menschen auf Gott abwälzen, etwa mit dem Hinweis: Gott lässt sie ja zu, also sind sie in seinem Sinn.

Der Atheist ist insofern redlich, als er die Verantwortung für sein Tun bei sich selbst belässt. Das bewahrt ihn freilich nicht davor, auch unmenschlich sein zu können. Man darf nicht vergessen, dass die furchtbarsten Menschheitsverbrechen von atheistischen Systemen begangen wurden: dem deutschen Nationalsozialismus, dem russischen Stalinismus und dem chinesischen Maoismus.

An dieser ohnehin sehr atheistischen Stelle unseres Gedankengangs sei eine ketzerische Frage erlaubt: Ist es im Grunde nicht vollkommen gleichgültig, ob man an Gott glaubt oder nicht? Wenn es Gott gibt, dann ist er für alle da, für die Gläubigen wie für die Ungläubigen. Wer sagt, dass Gott Wert legt auf gläubige Menschen? Nun, die christlichen Kirchen sagen es: Gott erwarte, dass der Mensch an ihn glaubt, mehr noch, dass der Mensch Gott liebt. Denn umgekehrt liebt Gott den Menschen so sehr, dass er sogar seinen eigenen, Mensch gewordenen Sohn für die ganze Menschheit opfert. Allerdings stellt sich hier wiederum die Frage, ob die christliche Sicht auf Gott die einzig richtige ist. Die östlichen Religionen sehen zum Beispiel in Gott, soweit sie überhaupt von einem Gott sprechen, eine universale Kraft, die keinerlei Wünsche und Erwartungen an den Menschen hegt. Erst wenn man Gott als Person denkt, haben göttliche Erwartungen einen Sinn – es sind dann die ganz und gar menschlichen Erwartungen eines vermenschlichten Gottes. Vielleicht ist die Personifizierung Gottes das größte religiöse Missverständnis überhaupt.

Nun ja, letztlich ist alles Reden über Gott nur ein armseliges Gestammel. Der Mensch als Person scheint mit Gott nur in Beziehung treten zu können, wenn er ihn ebenfalls als Person denkt. Das lateinische Wort »persona« bedeutet »Maske«. Im Falle Gottes trifft das den Kern des Problems. Gottes »Person« ist nur eine vom Menschen gemachte Maske, hinter der sich das unlösbare Geheimnis Gottes verbirgt. Die großen Religionen sind große Gedankensysteme um unterschiedliche Gottesmasken. Allein dem Buddhismus, so scheint mir, ist es gelungen, in seiner reinen Lehre die Gottesmaske fortzunehmen, wobei Gott und Nichts in eins zusammenfallen.

Auch der Gläubige, wenn er ehrlich ist, muss zugeben, dass Gott ein verborgener, maskierter Gott ist. Aber wieso verbirgt sich Gott? Warum zeigt er sich nicht, stellt sich nicht einfach vor uns hin, groß und allmächtig, und sagt: »So, hier bin ich! Ich bin Gott! Nun wisst ihr, dass es mich gibt. Ihr müsst nicht mehr an mich glauben.« Was wäre die Folge? Vermutlich ein großes Durcheinander, an dessen Ende wohl die Erkenntnis stünde, dass dieser »Gott« nur ein falscher sein kann, mag er auch noch so beeindruckend in seiner Erscheinung sein. Ein »Gott«, der sich benennen, beschreiben oder gar anschauen ließe, wäre nicht Gott. Das biblische Gebot, sich kein Bild von Gott zu machen, bedeutet im Grunde etwas anderes: Der Mensch kann sich gar kein Bild von Gott machen, weil Gott das »ganz Andere« ist. Jedes Bild von Gott muss ein falsches Bild sein. Jeder abgebildete Gott ist nicht Gott. Was sollte man auch mit einem sichtbaren, hörbaren Gott anfangen? Es bliebe allein noch die Verehrung in der Art eines heidnischen Götzendiensts übrig. Es ist etwas grundsätzlich anderes, zu einem unsichtbaren Gott zu beten, als einen sichtbaren Götzen anzubeten. In der Anbetung eines heiligen Bildes ist nie ganz klar, ob die Huldigung der unsichtbaren Gottheit oder nur dem Bild gilt. Das ist das Grundproblem eines jeden Gottesdienstes.

Nun kann man einwenden, dass der Gott des Alten Testaments als sichtbarer oder zumindest hörbarer Gott in Erscheinung tritt. An vielen Stellen der Bibel spricht Gott zu den Menschen: zu einzelnen Auserwählten, manchmal aber auch zum auserwählten Volk Israel als Ganzem. Die Frage ist, ob Gott wirklich sprach, oder ob die Menschen womöglich nur meinten, Gott sprechen zu hören. So liest man zum Beispiel im 2. Buch Mose (Exodus), Kapitel 20, Vers 18–19: »Als das ganze Volk erlebte, wie es blitzte und donnerte, durchdringender Hörnerschall ertönte und der Berg rauchte, bekam es große Angst und blieb zitternd in weiter Ferne stehen. Sie sagten zu Mose: ›Wir haben

Angst, wenn Gott so mit uns redet. Wir werden noch alle umkommen! Sprich du an seiner Stelle zu uns, wir wollen auf dich hören.«« Gott spricht durch Blitz, Donner und Rauch. Der Verdacht liegt nahe, dass hier nur ein gewaltiges Naturereignis – etwa ein Vulkanausbruch – als Mitteilung Gottes gedeutet wurde. Für ein noch tief im Heidentum verwurzeltes Volk wäre das nichts Ungewöhnliches. Naturerscheinungen wurden wohl von allen Völkern früher Kulturen als Götterzeichen gedeutet. Religionswissenschaftler sehen deshalb den Gott des Alten Testaments in der Tradition eines alten heidnischen Vulkangotts, dem die semitischen Stämme in vormosaischer Zeit gehuldigt hatten. Das Volk bittet seinen Anführer Mose, die furchterregenden »Worte« Gottes für es zu übersetzen und damit als Mittler zwischen Gott und dem Volk zu wirken.

In dem Maße, wie Gott im Lauf der alttestamentarischen Geschichte seine heidnischen Züge ablegt, zieht er sich auch von den Menschen zurück. Priester werden fortan mit Gott »sprechen« und dem Volk mitteilen, was er »gesagt« hat. Gott verbirgt sich: »Das Volk blieb in der Ferne stehen. Mose aber näherte sich der dunklen Wolke, in der Gott war.« Schon in der ersten Begegnung des Mose mit Gott hatte sich dieser in einem brennenden Dornbusch verborgen und von dort, also aus der Distanz (»Komm nicht näher!«, sagte der Herr«), gesprochen. Darauf verhüllte Mose sein Gesicht, »denn er fürchtete sich, Gott anzusehen«. Den wahren Gott kann man nicht ansehen; Gott ist nichts für das menschliche Auge.

Würde Gott sich zeigen, könnte der Mensch seinen Anblick nicht ertragen. Es wäre der Anblick des Unfassbaren. Gott spricht hierzu auch eine deutliche Warnung aus: »Wer mich sehen wollte, würde den Tod dabei finden.« Allein mit Mose macht Gott eine Ausnahme, wobei allerdings aus der Bibel nicht eindeutig hervorgeht, ob er Gott geschaut oder mit dem Verborgenen nur gesprochen hat.

Gott verbirgt sich vor dem Menschen; das ist sein grundlegender Wesenszug. Er muss sich verbergen, weil der Mensch am Anblick Gottes zugrunde gehen würde. Aus der alttestamentarischen Rauchwolke, in der sich Gott verborgen hält, wird im Neuen Testament das gleißende Licht – das Symbol des Geistigen schlechthin. Gott wohnt im »unzugänglichen Licht, sodass ihn kein Mensch je gesehen hat, noch sehen kann«, heißt es im 1. Brief des Apostels Paulus an Timotheus. Gott ist nicht das Licht selbst, sondern er verbirgt sich im Licht. Statt von »Licht« könnte man auch von »Energie« sprechen. Gott verbirgt sich in der gesamten unauslöschlichen Energie, die im Universum vorhanden ist und für alle Zeiten bestehen bleibt. Diese Energie wurde im göttlichen, das heißt unfassbaren Urknall freigesetzt. Müßig die Frage, was den ewigen und unerschaffenen Gott veranlasst hat, nach einer Ewigkeit des Nichts mit einem Schlag ein ganzes Universum zu erschaffen, das sich seitdem mit wachsender Geschwindigkeit in dieses Nichts ausbreitet bis in alle Ewigkeit. Wieso erschuf Gott vor 13,7 Milliarden Jahren die Welt? Eine sinnlose Frage. So zu fragen heißt nur, aus Gott einen Zauberkünstler machen zu wollen, dessen Tricks man gerne durchschauen würde.

Gott, so könnte man spitzfindig physikalisch sagen,

wäre im Urknall identisch mit einem Energiepunkt von unendlicher Dichte und unendlicher Temperatur. Das mathematische Zeichen für »unendlich« ist die liegende Acht. Man könnte sie sehr schön als Gotteszeichen verwenden. Dabei muss ich daran denken, dass wir als Kinder die größte Zahl, die es gibt – und die es ja tatsächlich nicht gibt –, als »Gotteszahl« bezeichneten. Im Urknall, so behauptet die Physik, waren Raum und Zeit nicht voneinander zu unterscheiden. Raum war Zeit, und Zeit war Raum. Gott, so könnte man wagemutig behaupten, verbarg sich in einem schaumartigen Raum-Zeit-Gemisch, wo es kein Vorher und Nachher, kein Rechts oder Links, kein Oben und Unten gibt. Die Religion meint ja im Prinzip nichts anderes, wenn sie von Gott sagt, dass er seit Ewigkeit außerhalb von Raum und Zeit existiert. Die Wirklichkeit Gottes würde also unendliche Dimensionen unserer vertrauten Raumzeit umfassen. So, über Raum und Zeit stehend, hätte Gott die gesamte Entwicklung des Kosmos bei seiner Erschaffung schon »vor sich gesehen«. Er musste also niemals mehr in seine Schöpfung eingreifen. Dass irgendwann, 13,7 Milliarden Jahre nach dem Urknall, der Mensch auf der kosmischen Bildfläche erscheinen würde, »wusste« Gott bereits beim Urknall. Gott hat das Universum *mit* der darin ablaufenden Evolution erschaffen; die Evolution ist Teil des Schöpfungsakts.

Eigentlich logisch, dass ein solcher Gott dem Menschen verborgen bleiben muss. Der Mensch steckt fest in Raum und Zeit, Gott hingegen existiert außerhalb von beidem. Wem hier schwindlig wird beim Nachdenken, der ist womöglich auf dem besten Weg, ein wahres Gefühl für Gott zu bekommen. Gott ist schwindelerregend. Die Physik – auch wenn sie selbst nicht von Gott spricht – sagt im Weiteren, dass Gott sich in dem Moment, da Raum und Zeit sich voneinander trennten, in einem klitzekleinen Universum von 10 hoch minus 33 Zentimetern im Durchmesser verborgen hat (eine 1 geteilt durch eine 1 mit 33 Nullen); das war 10 hoch minus 44 Sekunden nach dem Urknall. Da hatte das Universum eine Temperatur von 10 hoch 32 Grad und eine Dichte von 10 hoch 92 Gramm pro Kubikzentimeter. Gott verbarg sich also kurz nach dem Urknall in einem ganz kleinen, dafür aber extrem dichten und heißen Universum. Allein daran sieht man, dass Gott ein Wesen sein muss, das sich jenseits aller Physik befindet. Ein Gott mit menschlichen Eigenschaften hätte sich am Urknall buchstäblich die Finger verbrannt. Gott ist unendlich, aber so, dass er auch im unendlich Kleinen Platz hat. Geht man hinaus ins Universum, so hat man es mit unendlich großen Räumen zu tun, aber geht man ins Kleine, also in die Elementarteilchen der Materie, so tun sich dort unendlich kleine Räume auf.

Mag ja sein, dass das, was wir soeben geschrieben haben, ein unendlich großer Unsinn ist. Allerdings wird uns niemand die Unsinnigkeit nachweisen können. Aber wir geben es ja selber zu: Das sind alles hilflose Gedankenspiele. Wie sollte es auch anders sein, wenn man sich dem unfassbaren Gott gedanklich zu nähern versucht? Mathematik und Physik bieten hierfür hilfreiche Gedankenstützen, oder sagen wir lieber: Gedankenkrücken. Mit ihnen können wir an den geistigen Abgründen des Religiösen entlanghumpeln. Aber das ging den großen Denkern aller

Zeiten nicht anders. An Gott hat sich noch jeder Philosoph sein Gehirn zermartert.

Hier sei beispielhaft der Theologe, Philosoph und Wissenschaftler Nicolaus Cusanus (1401–1464) genannt. Ihn beschäftigte lebenslang die Frage, ob Gott überhaupt denkbar ist. Wenn nämlich Gott gar nicht denkbar ist, dann ist auch die Frage, wo Gott ist, sinnlos. Wenn sich über Gott nichts sagen lässt, dann kann man über Gott nur schweigen. Doch der Glaube an Gott will sich nicht im Schweigen über Gott erschöpfen. Cusanus, der hochgebildete Theologe, suchte sich dem unfassbaren Gott über die Mathematik und Physik zu nähern, ähnlich wie wir das vorhin versuchten. Freilich standen ihm dabei die modernen Erkenntnisse von Urknall und frühem Universum noch nicht zur Verfügung.

Cusanus sieht im »unendlichen Kreis« ein Symbol für die Unendlichkeit Gottes: Ein Kreis, der ins Unendliche sich vergrößert, würde im Unendlichen mit der Geraden zusammenfallen, denn der Kreisbogen würde sich dabei immer weiter der Kreissehne annähern. Im Unendlichen wäre der Gegensatz von Kreis und Linie aufgehoben. Entsprechend wäre für Cusanus Gott dort, wo alle Gegensätze aufgelöst sind, etwa der zwischen Raum und Zeit, Gut und Böse, Sein und Nichts. Oder wie ein anderer christlicher Theologe, Augustinus (354–430), gesagt hat: »Wir erkennen Gott, wenn wir können, (…) als über allem thronend ohne örtliche Lage, als überall ganz seiend ohne örtliche Bestimmung, als ewig ohne Zeit, als Schöpfer der veränderlichen Dinge ohne Veränderung seiner selbst.« Wo ist Gott? Antwort: überall und nirgends. Und Augustinus folgert daraus: »Wenn du Gott begreifst, so ist es nicht Gott.«

Über Gott lässt sich, wenn überhaupt, nur in einem fortwährenden Hin und Her aus bejahender und verneinender Aussage sprechen – oder eben schweigen. Gott ist bestimmt durch Unbestimmtheit. Das macht jede Gotteslehre zu einer einzigen großen Verlegenheit. Gott selbst hat ja in der Bibel auf die Frage, wer er sei beziehungsweise wie sein Name laute, eine treffende Antwort gegeben: »Jahwe« (»Ich bin, der ich bin« oder »Ich bin der Ich-bin-ich«). Thomas von Aquin (um 1225–1274) fasst diese Sicht folgendermaßen zusammen: »Was Gott selbst sei, bleibt uns immer verborgen. Und dies ist die höchste Erkenntnis, die wir in diesem Leben von ihm haben können, dass wir erkennen, Gott sei über allem, was wir von ihm denken.« Das heißt nicht, dass wir nicht versuchen sollen, Gott zu denken, aber im Denken ist immer schon das Scheitern dieses Versuchs inbegriffen. Gott ist stets größer als die höchsten Gedanken und Vorstellungen über ihn. Gott lässt sich nicht durch menschliches Denken aus seiner Verborgenheit holen. Gott zu denken hat etwas vom Anrennen gegen eine Gummiwand. Das Gedankenziel wird berührt, doch niemals getroffen. Für Cusanus aber ist die Tatsache, dass der Mensch nach Gott fragt, schon der Beweis, dass es Gott gibt. Der Glaube »macht« Gott, aber nur, weil zuvor Gott den Glauben gemacht hat.

Obwohl Gott jenseits aller logischen Beweisbarkeit liegt, ist immer wieder versucht worden, die Existenz Gottes zu beweisen oder zu widerlegen. Diese Versuche haben alle etwas Lächerliches. Der unbewiesene Gott ist der einzig denkbare. Mit den begrenzten Mitteln der menschlichen Vernunft Gott beweisen zu wollen heißt ja nur, dass man nicht verstanden hat, dass Gott von der menschlichen Vernunft durch einen unüberbrückbaren geistigen Abgrund getrennt ist.

Und dennoch: Gott ist zu erkennen, ohne dass seine Existenz zu beweisen wäre. Denn Gott offenbart sich – sagen die Religionen. Deshalb gehören Offenbarungen zu ihren wichtigsten Verheißungen. Die erste Offenbarung Gottes ist seine Schöpfung, also das Universum. Durch den Kosmos macht sich Gott bemerkbar. Dazu bedarf es freilich eines Wesens in diesem Kosmos, das überhaupt in der Lage ist, zu bemerken und das Bemerkte zu bedenken. Viele Milliarden Jahre lang gab es vermutlich niemanden in Gottes Schöpfung, dem Gott sich hätte offenbaren können. Allein dem Menschen – möglicherweise noch anderen intelligenten Wesen im Universum, von denen wir nichts wissen – wurde die göttliche Offenbarung zuteil. Der Kosmos offenbart sich als vollkommene, in sich harmonische Welt, deren Harmonie allerdings aus dem ewigen Kampf der Gegensätze entsteht. Die Natur bringt hervor, und sie zerstört das Hervorgebrachte wieder. Eines ist ohne das andere nicht denkbar. Die physikalischen Gesetze, nach denen die Natur funktioniert, sind von wunderbarer Exaktheit, und sie sind ewig gültig. Sie lassen sich in mathematischen Formeln exakt beschreiben, wobei man die Mathematik als eine Art von Schöpfungssprache bezeichnen kann. In den mathematischen Gesetzen des Universums, vor allem auch in den Naturkonstanten der Physik, offenbart sich ein überlegener, eben göttlicher

Geist. In der Physik mit ihren Naturgesetzen offenbart sich etwas, das erdacht sein musste, bevor die Welt im Urknall entstanden ist. Würden die Naturkonstanten nur minimal von ihren tatsächlichen Werten abweichen, gäbe es kein Universum oder zumindest keines wie dieses. Der Kosmos ist offenbar darauf angelegt, irgendwann ein Wesen hervorzubringen, das in der Lage ist, die Welt geistig zu durchdringen und als Werk eines Schöpfers zu erkennen.

Aber wer weiß, ob der Mensch nicht eines Tages herausfindet, dass die Welt doch ohne einen Schöpfer entstanden ist? Noch gilt das physikalische Gesetz, dass aus nichts nichts hervorgehen kann. Aus nichts etwas zu schaffen vermag nur ein allmächtiger Gott – und der ist kein »Gegenstand« der Physik.

Der Kosmos, so haben wir festgestellt, ist die erste und natürliche Offenbarung Gottes. Wer sich auf die Natur einlässt, sie erlebt und geistig zu ergründen sucht, wird sich der Ahnung eines Größeren, das über allem waltet, nicht entziehen können. Jeder kennt die Wohltat, die die Natur zu geben vermag: das Tröstende, Beruhigende, Erhabene, ja Feierliche. Und jeder kennt den Schrecken, der von der Natur ausgehen kann. Beide Seiten sind in der Natur – wie auch in Gott. Wer weiß, ob nicht im Staunen über die Natur der Keim für echten Gottesglauben steckt. Wer zum Staunen nicht fähig ist, wird nur schwer Zugang finden zum religiösen Gefühl. Staunen bedeutet am Ende nichts anderes, als von Gott angerührt zu werden. Im Staunen des Menschen über die Schöpfung begründet sich aber auch eine Hoffnung: dass wir nicht ganz sterben, wenn wir sterben.

Wer zum gestirnten Nachthimmel hochschaut und nicht wenigstens die leise Ahnung eines Schöpfers verspürt, muss schon ein äußerst nüchterner Zeitgenosse sein. Die Schönheit und Vollkommenheit der Natur verweist auf eine gestaltlose Vollkommenheit hinter allen Dingen. Gott, der sich selbst verborgen hält, gibt sich über sein Werk zu erkennen, vergleichbar mit einem unbekannten Künstler, dessen Wesen wir über seine hinterlassenen Werke erahnen können. Gott als »unbekannter Meister«, der uns sein Universum als Werk hinterlassen hat. Gott spricht durch seine Schöpfung. Nicht umsonst erzählt die Bibel, dass Gott die Welt erschuf, indem er sprach. Gott, so könnte man sagen, ist anwesend, aber als Verborgener, er spricht als Verschwiegener.

Doch Naturerkenntnis kann auch von Gott wegführen. Von vielen Naturwissenschaftlern weiß man, dass sie zum Atheismus neigen. Sie sehen zwar die wunderbare Gesetzmäßigkeit in der Natur, aber sie verspüren nichts Göttliches darin. Die Natur ist, was sie ist, und erklärt sich aus sich selbst. Das Rätsel der Weltentstehung lassen sie als solches stehen – irgendwann wird es schon gelöst werden wie so viele andere Welträtsel davor. Dagegen ist nichts zu sagen. Schließlich ist Gott nicht dazu da, als geistiger Füllstoff für die Lücken in der Naturforschung zu dienen. Gott versteckt sich nicht in den offenen Fragen der Wissenschaft, sondern er verbirgt sich in der Natur als Ganzer, also auch dort, wo der Mensch bereits vollständige Naturerkenntnis erreicht hat. Gott wird durch den Fortschritt der Naturwissenschaft nicht in die Enge getrieben, bis ihm nur noch im Rätsel des Urknalls eine letzte Zuflucht

übrig bleibt. Selbst wenn der Mensch einmal die »Weltformel« finden wird, mit der sich alles in der Natur beschreiben lässt – der Urknall eingeschlossen –, so wird
Gott nicht mit dieser »Weltformel« identisch sein.

Alles ist von Gott, und Gott ist in allem. Diese Auffassung nennt man gemeinhin Pantheismus (Allgottlehre).
Danach ist Gott mit der Natur (Kosmos) identisch. Die
christliche Theologie lehnt diese Sicht allerdings strikt ab.
Mit gutem Grund. Denn sie muss befürchten, dass dadurch
Gott als absolute Persönlichkeit, die außerhalb der Welt
steht, verloren geht. Wenn Gott hingegen als absoluter
Geist gedacht wird, könnte er durchaus mit der Natur in
eins zusammenfallen, insofern die Natur nach absoluten
geistigen Prinzipien funktioniert. Der jüdische Philosoph
Baruch Spinoza (1632–1677) vertrat die Ansicht, dass es
keinen Gott außerhalb der Natur (Kosmos) geben könne.
Die Natur ist vollkommen, und was in ihr wirkt, *ist* Gott.
Schon im Alten Testament wurden die in der Natur wirkenden Kräfte als »Geist Gottes« (hebräisch: ruach) verstanden, als göttliche Wirkmächtigkeit. Eine göttliche Person war darin noch nicht ablesbar. Auch für Spinoza ist
Gott keine Person; er hat keine Individualität, auch keinen
Verstand und keinen Willen, wie uns das vom Menschen
vertraut ist. Spräche man Gott einen Verstand und einen
Willen zu, so wäre das eine vollkommen willkürliche Benennung. Man würde willkürlich menschliche Seelenkräfte auf Gott übertragen.

Alle wirksamen Kräfte der Natur haben im Menschen
von jeher das Gefühl einer höheren Ordnung, einer tiefen
Harmonie und einer Unendlichkeit und Ewigkeit er-

zeugt. Im Sichtbaren der Welt liegt also nicht weniger Geheimnis als im Unsichtbaren. Und das tiefste und letzte Geheimnis ist Gott. Spinoza war allerdings nicht der Meinung, dass Gott in der Natur sichtbar wird, also mit unseren Sinnen wahrnehmbar ist. Nein, Gott bleibt für immer unerkennbar. Gott ist *in* seiner Schöpfung, aber nicht so, dass wir ihn erkennen könnten. Deshalb bleibt ja auch bei allem Erforschen der Natur stets ein Rest Unerforschliches übrig. Von diesem hat Goethe (1749–1832), ein großer Verehrer Spinozas, gesagt, dass wir es nur schweigend und in Ehrfurcht verehren können. Und was für die Natur gilt, gilt auch für das echte Kunstwerk: »Ein echtes Kunstwerk«, so Goethe, »bleibt, wie ein Naturwerk, für unsern Verstand immer unendlich; es wird angeschaut, empfunden; es wirkt, es kann aber nicht eigentlich erkannt, viel weniger sein Wesen, sein Verdienst mit Worten ausgesprochen werden.«

Da der Mensch selbst nichts anderes als Natur ist, verbirgt sich Gott auch in ihm. Ein Funken des göttlichen Lichts schlummert in jedem von uns. Aber das ist nichts, was uns vor irgendeinem anderen Wesen oder Ding auszeichnen würde. Ein jüdischer Mystiker drückte es so aus: »Du bist nicht anders als alle Geschöpfe, die zum Dienst Gottes geschaffen wurden. Und womit wärst du angesehener als ein Wurm? Dient er doch dem Schöpfer mit seiner ganzen Einsicht und Kraft.« Nach dieser Auffassung wäre in allem, was ist, Gottes Ebenbildlichkeit zu entdecken. Die Schöpfung zielte nicht auf den Menschen als höchstem Zweck.

Im Pantheismus ist der Gegensatz von Natur und Gott

aufgehoben. Gott ist nichts anderes als die Natur selbst in Gestalt des unendlichen Kosmos. In der Liebe zur Natur, und damit auch zu einem selbst, verwirklicht sich die Liebe zu Gott. Gott ist in der Natur fühlbar: als Ursache und Seele der Welt. In dieser Einsicht mag letztlich die Heiterkeit von Spinozas Lehre begründet sein. Selbst noch in der Resignation, die sein Werk durchzieht, bewahrt dieser Philosoph ein Lächeln. Seine Liebe zu Gott (= Natur) ist ohne Hoffnung auf Gegenliebe, aber gerade dadurch ist sie absolut frei.

In Albert Einstein (1879–1955), dem bedeutendsten Physiker der Moderne, fand Spinozas Lehre einen großen Bewunderer. Das muss nicht verwundern. Einstein suchte ja nicht nur nach allgemeinen physikalischen Weltgesetzen, sondern nach einer umfassenden ethischen Weltanschauung. Diese sollte »die Gesamtheit der Erfahrungstatsachen« enthalten, und zwar nicht nur der Physik, sondern ebenso des täglichen Lebens. Einsteins Wahrheitssuche gründete auf der menschlichen Vernunft, aber sie erschöpfte sich nicht darin. Einstein suchte auch nach Antworten auf Fragen, die mit Vernunft allein nicht zu finden sind – und das betrifft vor allem die Frage nach Gott. Indem Einstein – im Sinne Spinozas – Gott in der Natur und ihren Gesetzen offenbart sah, beschäftigte ihn zeit seines Lebens die Frage, ob Gott auch ein anderes Universum hätte erschaffen können. Er kam wohl zu dem Schluss, dass andere Universen zwar denkbar wären, ja, Gott sie womöglich sogar ausprobiert habe – um sie alle wieder zu verwerfen. Gott wollte dieses Universum und kein anderes, also eines, das einen Spinoza, Goethe oder Einstein hervorbringen würde. Dazu Einstein: »Ich glaube an den Gott Spinozas, der sich in der planmäßigen Harmonie dessen, was ist, offenbart, nicht an einen Gott, der sich um die Schicksale und Handlungen der Menschen kümmert.« Einem »lieben Gott« mit menschlichen Eigenschaften konnte Einstein nichts abgewinnen. Ein belohnender und bestrafender Gott mochte für »unterentwickelte Gemüter«, aber nicht für Menschen mit hohen geistigen Ansprüchen sinnvoll sein. Ein solcher Gott sei nur dazu da, dem Menschen jede Verantwortung abzunehmen. Man kann dann leicht alles auf Gott, den Allmächtigen, abschieben. Der unerkennbare, doch in der Natur sich offenbarende Gott vermag im Menschen jenes religiöse Gefühl zu entfachen, das Einstein als »kosmische Religiosität« bezeichnet hat. Diese sei, so Einstein, das stärkste und nobelste Motiv der wissenschaftlichen Forschung. Seine eigene Forschung, die ihn an die Grenzen des menschlichen Verstands führte, betrachtete Einstein als Andacht eines »tiefreligiösen Ungläubigen«.

Im Grunde ist Einsteins »kosmische Religiosität« nichts Neues. Sowohl den indischen Buddhismus als auch den chinesischen Taoismus kann man als kosmische Religion bezeichnen. Beide kommen ohne persönliche Gottheiten aus. »Ansätze zur kosmischen Religiosität«, so schreibt Einstein, »finden sich bereits auf früher Entwicklungsstufe, z. B. in manchen Psalmen Davids sowie bei einigen Propheten. Viel stärker ist die Komponente kosmischer Religiosität im Buddhismus, was uns besonders Schopenhauers wunderbare Schriften gelehrt haben.« Für den Philosophen Arthur Schopenhauer (1788–1860) war die gesamte Welt nur »Vorstellung«, in der sich ein allgemeiner Wille und Daseinsdrang offenbart. Daraus lasse sich jedoch kein allgemeiner Sinn des Daseins ableiten. Der Mensch könne sich nur durch Abkehr von der Welt beziehungsweise durch Handeln aus Mitleid von diesem sinnlosen Daseinsdrang befreien. Eine dauernde Erlösung sei allein durch Auslöschung des Ichs und durch den Übergang ins Nichtsein möglich. Wenn die Natur einen Sinn habe, dann bestehe dieser nur im ewigen Entstehen und Vergehen der Dinge und Wesen. Das ist die »innere Harmonie unserer Welt«, von der Einstein spricht – ein göttliches Prinzip, aber ohne persönlichen Gott.

Von diesen pantheistischen Lehren hat sich das Christentum stets scharf abzugrenzen versucht. Allein in der christlichen Mystik spürt man die starke Sehnsucht nach dem Einssein mit der göttlichen Natur. Das Christentum lehrt zwar auch, dass sich Gott in seiner Schöpfung offenbart, lässt ihn aber nicht mit der Schöpfung verschmelzen. Denn die Trennung von Gott und Natur ist notwendig, um eine Trennung von Mensch und Natur begründen zu können. Damit der Mensch sich von der Natur abheben und über sie stellen kann, bedarf es eines Gottes, der dem Menschen ähnlich ist. Das ist er aber nur als Person. Durch die Ebenbildlichkeit von Gott und Mensch verschafft sich der Mensch das großartige Gefühl, etwas anderes als bloße Natur zu sein. Insgeheim aber weiß der Mensch, dass er auch nichts anderes als Natur ist. Doch das Christentum geht sogar noch einen Schritt weiter: Es lässt Gott in der Person Jesu selbst zu einem Menschen werden. Damit werden alle Menschen ein Stück weit vergöttlicht.

Die Frage »Wo ist Gott?« beantwortet das Christentum durch Jesus Christus auf klare und eindeutige Weise: Gott ist mitten unter uns, indem er Mensch geworden ist. Im Christentum wird Jesus Christus zur abschließenden Offenbarung, mehr noch: In Jesus Christus und seinem Handeln konzentriert sich die ganze Offenbarung Gottes. Neben die Schöpfung, in der sich Gott zweifellos offenbart, tritt Jesus Christus als personifizierte göttliche Gegenwart. Höchste Gotteserkenntnis, so verkündet die christliche Lehre, gibt es nur in Christus, dem Gekreuzigten und Auferstandenen. Doch das Christentum ist, wie wir wissen, nicht die einzige Offenbarungslehre auf dieser Welt. Gott, so scheint es, bevorzugt die religiöse Vielfalt; er will nicht, dass der Mensch ihn nur auf eine Weise zu ergründen sucht. Gott offenbart sich auf unterschiedlichste Weise, und dies kommt in den verschiedenen Religionen zum Ausdruck. In allen haben wir es mit Offenbarungen Gottes oder des Göttlichen zu tun. Keine der Religionen besitzt die einzig wahre Gottesoffenbarung, mag das jede auch für sich behaupten. Die Religionen sind gleichwertig, insofern keine die volle Wahrheit besitzt. Aber sie sind auch gleichwertig, weil sie in ihrer ethischen Kernaussage gleich sind: in der Forderung von Liebe, nicht nur von Liebe zum Schöpfer, sondern auch zur Schöpfung mit allen ihren Geschöpfen. Die Schöpfung zu missachten heißt den Schöpfer missachten.

Warum ist Gott ein Mann?

Dass Gott ein Mann ist, wissen wir aus der Bibel. »Gott, der Herr« lesen wir dort an vielen Stellen oder in anderer Übersetzung: »ER, Gott«. Man stelle sich vor, dort stünde »SIE, Göttin«. Aber wieso eigentlich nicht? Man ist fast geneigt zu glauben, dass es dann um die Menschheit besser bestellt wäre. Denn dieser männliche Gott führt sich auch auf wie ein Mann: Er ist ein ziemlich rabiater, ja kriegerischer Gott. Das macht aus der Bibel in weiten Teilen ein Kriegsbuch.

Allein die Tatsache, dass wir in unserer Sprache keine weibliche Entsprechung zu »Herr« haben, weist schon darauf hin, dass das Männliche unsere Kultur beherrscht bis in die Sprache hinein – und in die Religion. Zwar haben wir das Wort »Dame«, aber schon die adjektivische Ableitung »dämlich« zeigt, was wir von einer Dame halten. Hingegen leitet sich von »Herr« das Adjektiv »herrlich« ab. In anderen Kulturen und Religionen ist es nicht anders. Gerade in der Religion hat die Frau nicht viel zu melden – weil Gott ein Mann und ein Herr ist.

Aber ist Gott wirklich männlichen Geschlechts? Da sind Zweifel angebracht. Gott ist schließlich kein höheres Tier oder eine Art Übermensch. Gott ist Gott. Und das heißt, dass er mit biologischen Begriffen wie »männlich« oder »weiblich« nicht beschrieben werden kann. Gott für männlich zu halten, muss man als heidnische Gottessicht deuten.

Diese heidnische Erblast schleppt der biblische Gott noch bis in unsere Tage mit sich herum. Religionsgeschichtlich muss man den biblischen Gott in der Tat als Abkömmling männlicher heidnischer Wüstengötter betrachten. Die biblische Aussage »Gott ist groß« darf man ganz körperlich verstehen: Gott ist ein großer Mann. In Adam, so erzählen die alten jüdischen Mythen, die in die Bibel keinen Eingang gefunden haben, schuf sich Gott ein zum Verwechseln ähnliches Ebenbild: »Gott machte zuerst einen Erdenkloß, der von der Erde bis zum Himmelsgewölbe reichte, und blies ihm die Seele ein.« Adam war die irdische und irdene Entsprechung des himmlischen Gottes. Nach dem Sündenfall klagte Gott: »War doch der Mensch wie unsereiner, wie ein Einziger in der Welt!« Von Eva ist in diesem Mythos bezeichnenderweise nicht die Rede.

Was schließen wir daraus? Nun, dass der persönliche männliche Gott ein Produkt der männlich-menschlichen Fantasie ist. Und wie sollte es auch anders gewesen sein in jener alttestamentarischen Gesellschaft vor 3000 Jahren, die durch und durch patriarchalisch, also vaterrechtlich geprägt war. Der Mensch konnte sich in einer Gesellschaft, in der die Männer das Sagen hatten, Gott nur als allmächtige Vaterfigur vorstellen. Der jüdische Philosoph Baruch Spinoza, den wir bereits im vorigen Kapitel erwähnten, wunderte sich nicht darüber, dass man Gott so gern menschliche Eigenschaften andichtet: »... denn ich glaube, dass ein Dreieck, wenn es sprechen könnte, ebenso sagen würde, Gott sei hervorragend dreieckig, dass ein Kreis sagen würde, Gott sei hervorragend rund.« Der Gott des Menschen gleicht selbst einem Menschen.

Gott war »hervorragend« ein himmlischer Vater, weil auf Erden vom Vater die Macht ausging. Allerdings soll es in der Frühzeit der menschlichen Kultur auch mutterrechtliche Gesellschaften (Matriarchate) gegeben haben. Man kann davon ausgehen, dass in ihnen eine höchste weibliche Gottheit und Mutter verehrt wurde, etwa in Gestalt von »Mutter Erde«.

Die menschliche Vorstellung von einem männlichen Gott spiegelt also irdische Machtverhältnisse wider. Fast alle Macht auf Erden lag bei den Männern – und in weiten Teilen der Welt ist das heute noch so. Folgendes Faktum belegt dies anschaulich: Nur ein Prozent des Weltvermögens ist in der Hand von Frauen! Und was die Macht angeht, sieht es wohl ähnlich aus. Logisch, dass auch im Himmel ein »allmächtiger Mann« herrscht.

Aber was heißt schon »männlicher Gott«? Ihm wird die biologische Eigenschaft »männlich« zugeschrieben, aber sie wird nicht ernsthaft als solche verstanden. Natürlich wird Gott als geschlechtslos gedacht oder genauer: als geschlechtslos-männlich. Gott ist »männlich«, aber ohne männliche Geschlechtsorgane – eine absurde Konstruktion. Aber was soll dann das »Männliche« an Gott sein, wenn das Geschlechtliche damit nicht gemeint ist? Die göttliche Männlichkeit ist also ziemlich inhaltsleer. Allein im Christentum kommt die »Männlichkeit« Gottes, also seine »Geschlechtlichkeit«, biologisch zum Tragen: indem Gott mit einer irdischen Frau (Maria) einen Sohn zeugt, freilich auf ungeschlechtlichem Wege – eine Geistzeugung, wenn man so will. Hier steht der christliche Gott den heidnischen Göttern, besonders jenen des antiken Griechen-

61

land, sehr nahe. Diese paarten sich mit Vorliebe mit Irdischen, woraus dann Halbgötter hervorgingen. Aus religionswissenschaftlicher Sicht steht Jesus in der Tradition der griechischen Halbgötter.

Nein, der wahre, das heißt unfassbare Gott ist nicht männlich, weil in ihm alle Prinzipien des Seins aufgehoben sind, allen voran die biologischen. Wenn es also schon um die Frage nach dem »Geschlecht« Gottes geht, so liegt der Gedanke nahe, dass Gott in seinem Wesen weder männlich noch weiblich ist. »Der Schöpfer«, so meinte der jüdische Philosoph Maimonides (1135–1204), »ist nicht körperlich und wird von körperlichen Erscheinungen nicht berührt.« Die beschreibenden Elemente (Gott ist männlich, Gott ist gut, Gott ist allmächtig etc.) dienen nur dazu, Gott irgendwie fassbar zu machen, indem man ihn vermenschlicht. Wenn diese Vermenschlichung schon nötig ist, damit sich der Mensch ein Bild von Gott machen kann, dann sollte man bedenken, dass in einer tieferen Schicht der Bibel Gott als ein Wesen mit männlichen *und* weiblichen Eigenschaften erscheint. So steht im 1. Buch Mose: »So schuf Gott den Menschen in seinem Bilde, im Bilde Gottes schuf er ihn, männlich, weiblich schuf er sie.« Adam steht als »Bild Gottes« für beide Geschlechter. Erst danach beschreibt die Bibel die Trennung von weiblich und männlich in der Formung Adams und Evas. Von da an wohnt das göttliche Bild sowohl der Frau als auch dem Mann inne. Tatsächlich kann es ohne Mann *und* Frau kein vollständiges Bild Gottes geben. Gott vertritt das männliche und weibliche Prinzip gleichermaßen. In anderen Religionen wird die unnennbare göttliche Wirkkraft, die den ganzen Kosmos erfüllt, auch als Harmonie aller Gegensätze gedacht.

Der chinesische Taoismus, der dem Buddhismus verwandt ist, lehrt zum Beispiel, dass aus der ewigen kosmischen Energie, Tao genannt, die Urgegensätze Yin und Yang hervorgehen. Yin wird als das Weibliche, Empfangende, Dunkle gedeutet, Yang als das Männliche, Zeugende, Lichte. Aber eines ist ohne das andere nicht denkbar. Tao ist beides. Es bildet die kosmische Einheit aus unendlichen Gegensatzpaaren, die einander nicht bekämpfen, sondern sich gegenseitig ergänzen.

Und Gott ist auch beides: weibliches und männliches Prinzip. Wenn von Gott als einem liebenden, mitleidvollen, sich erbarmenden Gott gesprochen wird, so tun sich darin die »weiblichen« Züge Gottes kund, während der strenge, strafende Gott seine »männlichen« Züge offenbart. Aber, wie gesagt, das sind alles nur Bilder, mit denen sich der Mensch den fernen Gott nahezubringen versucht. Alle Bilder von Gott sind nur Hilfskonstruktionen, Hilfestellungen für den gewöhnlichen Gläubigen, der fern aller Heiligkeit ist. Damit ihm Gott überhaupt zugänglich wird, werden vertraute Bilder geschaffen: Gott als vollkommener Vater, Gott als vollkommene Mutter, Gott als vollkommener Freund, Gott als vollkommene Natur usw. Das alles soll irgendwie zu Gott hinführen, diesem absoluten, gestaltlosen Einen. Der ausgesprochene (männliche oder weibliche) Name Gottes führt so zum Namenlosen, sein Bild zum Bildlosen, sein Wort zum Schweigen. Das Menschliche an Gott ist nur Hilfe für den Menschen. Er braucht, um anbeten zu können, einen greifbaren, persönlichen Gott.

Je mehr in der modernen Gesellschaft die Vorherrschaft des Männlichen zurückgeht und die Gleichberechtigung der Frau sich nach und nach durchsetzt, umso fragwürdiger wird ein als Mann vorgestellter Gott. Der Gedanke der Ebenbildlichkeit muss ins rein Geistige verlagert und damit erhöht werden. Der Mensch (Mann und Frau) ist ein Ebenbild Gottes, und zwar allein durch seinen Sinn für das Ewige, Wahre und Gute. Diese rein geistige Ebenbildlichkeit äußert sich zudem in der menschlichen Willensfreiheit und Selbstmächtigkeit, in der Vernunft des Menschen und in seinen seelischen Qualitäten. Alle diese Eigenschaften sind vom Geschlecht unabhängig. Und auch Gott steht jenseits aller biologischen Begriffe.

Ist die Welt von Gott erschaffen?

In den bisherigen Kapiteln dieses Buchs haben wir stillschweigend vorausgesetzt, dass die Welt von Gott erschaffen wurde. Wir taten dies, weil wir es glauben. Aber
glauben kann man viel. Tatsächlich gilt: Wir wissen nicht,
ob Gott die Welt erschaffen hat. Aber auch sonst haben
wir keine Erklärung für die Weltentstehung. Wir können
zwar sagen, dass die Welt im Urknall entstanden ist, aber
was der Urknall physikalisch genau ist, wissen wir nicht.
Aber immerhin wissen wir, dass es die Welt nicht schon
immer gab. Bevor das Universum entstand, gab es eine
Ewigkeit lang kein Universum. Wäre die Welt seit ewigen
Zeiten da, also nicht aus dem Nichts entstanden, so erüb-
rigte sich die Frage nach einem Schöpfer. Da wir aber mit
ziemlicher Sicherheit wissen, dass das Universum vor etwa
14 Milliarden Jahren im Urknall entstanden ist, hat die
Idee eines allmächtigen Schöpfers durchaus eine Berech-
tigung. Nur eine allmächtige, jenseits aller physikalischen
Gesetze existierende Kraft würde aus nichts etwas erschaffen können. Die Physik erlaubt einen solchen Vorgang
nicht.

Dass ein Universum schlagartig aus dem Nichts entstanden ist, wie die Urknall-Theorie behauptet, beweist noch
nicht die Existenz eines Schöpfergottes. Es könnte auch
sein, dass die Natur Gesetze in sich birgt, die wir noch
nicht kennen. Vielleicht könnte es ja unter bestimmten

Bedingungen doch möglich sein, dass etwas aus nichts entsteht – sogar ein ganzes Universum. Aber was hindert uns eigentlich daran, dieses unbekannte Naturgesetz mit Gott und seiner allmächtigen Wirkkraft in eins zu setzen? Daran hindert uns nur der Mangel an religiösem Glauben.

Durch den unerklärlichen, aber in hohem Maße wahrscheinlichen Urknall erfährt die Gottes-Idee eine Art von naturwissenschaftlicher Untermauerung. Wer nach einem vernünftigen Gottesbeweis sucht, findet ihn möglicherweise in der Urknall-Theorie. Im Urknall liefert die Naturwissenschaft ein »Ereignis«, das göttlich genannt werden kann – weil es außerhalb von Raum und Zeit »geschehen« ist.

Gott kann sich dem einzelnen Menschen auf vielerlei Weise offenbaren, aber im Urknall offenbart er sich sozusagen auf höchstem astrophysikalischen Niveau. Die Weltentstehung aus dem Nichts ist absolut unbegreiflich, sodass sie nach einem unfassbaren Gott geradezu verlangt.

Dass in einer der Milliarden Galaxien ein Planet Erde entstanden ist und auf diesem Leben, beruht auf unendlich vielen Zufällen, gleichzeitig aber auch auf physikalischen Gesetzmäßigkeiten, die überall im Universum gültig sind. Naturgesetzliche Notwendigkeit und Zufall sind die fundamentalen Größen, die dieses Universum gestaltet haben. Die Naturgesetze sind göttlicher Natur, das heißt: nicht weiter abzuleiten. Aber auch der Zufall ist von göttlicher Qualität, ja, er ganz besonders. Im Zufall, so könnte man sagen, äußert sich die göttliche Wirkkraft in reinster, nämlich undurchschaubarer Form. Der Zufall ist der tiefste Grund der Schöpfung. Aber auch die physikalischen

Naturkräfte ruhen letztlich auf etwas Unergründlichem auf: Wieso sind sie so und nicht anders? Wir wissen es nicht.

Religiöse Eiferer, die man Fundamentalisten nennt, lehnen unsere eben dargelegte Sicht der Schöpfung ab. Fundamentalismus, so könnte man sagen, ist eine religiös versperrte Sicht auf die Welt. Vor allem wird die Theorie des Biologen Charles Darwin (1809–1882) verworfen, wonach Pflanzen und Tiere, einschließlich des Menschen, schrittweise aus einfachen Urformen des Lebens entstanden sind. Denn das hieße ja, dass die ursprüngliche Schöpfung des Allmächtigen unvollständig war. Aber es geht hier wohl um etwas anderes. Bibelfixierte Gläubige mögen den Gedanken nicht, dass der Mensch nicht von Gott »eigenhändig« geschaffen wurde, sondern sich langsam über Jahrmillionen aus affenähnlichen Vorfahren entwickelt hat. Das wird als schwerwiegende Kränkung empfunden, als nicht vereinbar mit der Gottesebenbildlichkeit. In Darwins Evolutionstheorie erscheint der Mensch nur als vorläufig höchste Entwicklung unter den sogenannten Primaten, wobei – nach neuesten Erkenntnissen der Genforschung – unser Erbgut mit dem des Schimpansen zu 98,7 Prozent identisch ist. Wenn also, wie die Bibel sagt, der Mensch nach dem Bilde Gottes geschaffen ist, so wäre der Schimpanse dem Bilde Gottes zumindest genetisch sehr ähnlich. Schon Goethe, der ja auch ein bedeutender Naturforscher war, hatte die Verwandtschaften bei Tieren und Pflanzen erkannt. In vergleichenden anatomischen Studien fand er einen bis dahin beim Menschen übersehenen Knochen – den Zwischenkieferknochen –, der

den Menschen zwanglos in die Reihe der Säugetiere ein-
reihte, da er nur bei diesen vorkommt. Goethe schloss
daraus – so Jahre vor Darwin! –, dass »der Mensch aufs
Engste mit den Tieren verwandt ist« und »jede Kreatur
nur ein Ton einer Schattierung einer großen Harmonie«
sei. Doch von seinen Zeitgenossen wurde Goethes Erkenntnis nicht wahrgenommen, weil man den Dichter als
Biologen nicht ernst nahm.

Darwin nahm man ernst, weshalb seine Evolutionstheorie wütenden Protest von allen Seiten hervorrief. Sein
epochales Werk »Über die Entstehung der Arten«, das
1859 veröffentlicht wurde, irritierte die Welt aufs Äußers-
te. Denn in ihm wurde die Sonderstellung des Menschen
als »Krone der Schöpfung« zunichtegemacht, ebenso das
herrschende biblische Bild von der göttlichen Schöpfung
als Sechs-Tage-Werk.

Dabei war ja Darwin selbst von seiner Theorie nicht
absolut überzeugt gewesen. Im sechsten Kapitel seines
Buchs befasste er sich ausschließlich mit Problemen und
Ungereimtheiten seiner Evolutionstheorie: »Einige derselben sind von solchem Gewichte, dass ich bis auf den
heutigen Tag nicht an sie denken kann, ohne in gewissem
Maße schwankend zu werden«, schrieb er. Nach Darwin
befinden sich alle Lebewesen in einem Konkurrenzkampf
um Nahrung und Lebensraum. Jene, die am besten an die
Umwelt angepasst sind, haben die größten Überlebens-
chancen; sie bekommen mehr Nachkommen und setzen
sich durch. Weniger gut angepasste Arten sterben mit der
Zeit aus.

So stellte sich Darwin zum Beispiel folgende Frage:

»Wenn Arten aus anderen Arten (...) entstanden sind, warum sehen wir nicht überall unzählige Übergangsformen? (...) warum finden wir sie nicht in unendlicher Menge in den Schichten der Erdrinde eingebettet?« Tatsächlich aber fand man im Jahre 1860, also ein Jahr nach Erscheinen seines Werks, in einem bayerischen Steinbruch das erste sogenannte Übergangsfossil: den Urvogel Archaeopteryx aus der Jurazeit. Er hatte Zähne *und* Federn, womit bewiesen war, dass heutige Vögel von Dinosauriern abstammen. Andere Beweise folgten: Eustenopteron, ein Fisch mit Beinen; er stellt das Bindeglied zwischen Quastenflossern und Lurchen dar. Dann Seymouria, das zwischen Lurchen und Reptilien vermittelt. Und schließlich die Therapsiden, säugetierartige Reptilien, von denen einige wohl schon ihre Körpertemperatur regulieren konnten. Dazu haben wir noch den »Laufwal« Ambulocetus, der sich sowohl an Land wie im Wasser fortbewegen konnte, was beweist, dass Wale von Land bewohnenden Vierbeinern abstammen. Allerdings gibt es noch immer Lücken in der Evolutionskette. Unklar ist vor allem die Entstehung einer neuen Art aus einer alten: »Wie ist es zu begreifen, dass Arten bei der Kreuzung miteinander unfruchtbar sind?«, fragte sich Darwin. An diesem Problem forscht die Wissenschaft noch heute. Ein anderes Problem der Evolutionslehre ist die Zeit: Evolution läuft in Jahrmillionen ab und ist deshalb mit den üblichen wissenschaftlichen Methoden nicht zu beweisen. Evolution lässt sich nicht beobachten oder in Experimenten nachstellen.

Diese und andere Lücken und Schwachstellen in der

Evolutionstheorie werden heute von den »Kreationisten« genutzt, um Darwins Lehre als Ganze anzugreifen und die Evolution zu leugnen. »Kreationisten« sind religiöse Eiferer, vor allem unter den Protestanten der USA, die versuchen, die Evolutionstheorie durch eine verkleidete Glaubenslehre zu ersetzen, die an den Schulen und Universitäten gelehrt werden soll. Sie behaupten, dass die Entwicklung des Universums, insbesondere die des Lebens auf der Erde, von einem überirdischen intelligenten Wesen (Gott) gesteuert wird. Die Hardliner unter ihnen nehmen die Bibel sogar wörtlich, wie das auch im streng orthodoxen Judentum oder bei den Zeugen Jehovas der Fall ist. Das führt dann beispielsweise zu der haarsträubenden These, dass Mensch und Saurier vor dem Sündenfall einträchtig nebeneinander als Vegetarier im Garten Eden gelebt hätten. Fossilien sind ihrer Überzeugung nach die Überreste der Sintflut. Die Frage bleibt freilich unbeantwortet, wieso Noah die Saurier nicht mit in seine Arche nahm (weil sie dann gesunken wäre?). Im Lichte klarer Vernunft erscheint das alles ziemlich albern. Nur beschränkte Geister können solchen Unsinn glauben.

Moderne »Kreationisten« versuchen deshalb, sich ein »wissenschaftliches« Mäntelchen umzuhängen, indem sie zum Beispiel nicht von Gott sprechen, sondern von einem »intelligenten Designer«. Das Ganze nennt sich »Intelligent-Design-Theorie« (ID). Ihre Vertreter gestehen zu, dass unser Universum viele Milliarden Jahre alt ist, ja, sie bezweifeln nicht einmal, dass es Evolution, also Entwicklung gibt. Nur glauben sie nicht, dass diese Evolution als ziellose, rein zufällige Entwicklung zu einem Wesen wie dem Menschen habe führen können. Vielmehr stehe dahinter ein ausgeklügelter Plan, der nicht nur von einer höheren, übernatürlichen Intelligenz ausgedacht worden sei, sondern auch in jedem Einzelschritt weiter gesteuert werde. Dieser »intelligente Designer« wäre demnach pausenlos damit beschäftigt, das Universum auf ein letztes Ziel hinzulenken. Wozu in diesem Plan die Saurier nötig waren, wenn sie schließlich untergingen, bleibt unbeantwortet. Es ließe sich nur so erklären, dass dieser »intelligente Designer« dauernd Fehler macht, die er dann wieder korrigieren muss. Mag sein, dass er demnächst auch den Menschen als Fehlkonstruktion ansieht und aus seinem Schöpfungsplan wieder entfernt, so wie er das mit der »Fehlkonstruktion Saurier« getan hat und all den anderen urzeitlichen Arten, die ausgestorben sind.

Schon das Entstehen einer einzelnen lebenden Zelle aus toter Materie erfordere nach Ansicht der »Kreationisten« so etwas wie Intelligenz; sie könne unmöglich durch einen natürlichen, also zufälligen Prozess entstanden sein, auch nicht in Millionen von Jahren. Auch ein so kompliziertes Organ wie das Auge könne nicht schrittweise entstanden sein, sondern müsse von einer überirdischen Intelligenz erdacht und dann in bestimmten Lebewesen verwirklicht worden sein. Nun hat vor Kurzem ein Team von Biologen und Computerspezialisten eine Möglichkeit gefunden, Evolution wie im Zeitraffer vom Computer simulieren zu lassen. Dabei arbeiteten die Forscher mit »digitalen Organismen«, die sich ähnlich wie Computerviren innerhalb von Stunden millionenfach vermehren können. Mit einer Software namens »Avida« lassen sich

Geburt, Leben und Tod jedes einzelnen »digitalen Organismus« verfolgen. Diese Computerwesen vermehren sich und mutieren, das heißt, sie verändern ihr »Erbgut« und konkurrieren miteinander. Daraus entsteht der Drang zu immer höherer Komplexität in der »digitalen Natur«.

Die Labor-Evolution zeigte anschaulich, wie komplizierte Strukturen durch zufällige Mutation (= Erbgutänderung) aus einfachen hervorgehen können, ohne dass von außen ein intelligenter Lenker eingreifen muss, indem er etwa auf seinem göttlichen Reißbrett Augen für unterschiedliche Lebewesen entwirft. So ist auch zu erklären, wieso nicht alle Lebewesen mit einer einzigen Art von Auge ausgestattet sind oder Menschen ganz unterschiedlich aussehen. Die Evolution hat eben auf verschiedenen Wegen verschiedene Arten von Augen hervorgebracht.

Zu offensichtlich ist der Wunsch der »Kreationisten«, um des Menschen willen einen göttlichen Planer und Macher in den Kosmos hineinzubringen, aber sie tun dies auf eine Weise, die Gott zu einem traurigen Welt-Mechaniker degradiert, der Milliarden Jahre lang an seiner Welt wie an einer reparaturbedürftigen Maschine herumbastelt. Was für ein stümperhafter Gott, der da gezeichnet wird! Dabei hält gerade Darwins Evolutionstheorie, wie alle Naturwissenschaft, jeden Raum für einen unfassbaren Gott offen, weshalb es unter Evolutionsforschern viele zutiefst religiöse Menschen gibt. Alles spricht dafür, dass Gott einen so eleganten wie wirkungsvollen Weg für seine Schöpfung wählt wie den der Evolution. Die »Kreationisten« hingegen wollen uns in Gott einen Schöpfungsmurkser andrehen und spekulieren dabei auf die Sehnsucht vieler Menschen nach einfachen Erklärungen.

Dennoch: Es bleibt die Möglichkeit bestehen, dass das Universum ohne einen Gott entstanden ist – irgendwie halt. Ein reifer Glaube hält diese Unsicherheit aus, ja, er nährt sich geradezu von ihr. Er bedarf keines naturwissenschaftlichen oder sonstigen Gottesbeweises. Übrigens – der bislang letzte nennenswerte Versuch eines Gottesbeweises stammt von einem Naturwissenschaftler: dem britischen Physiker Stephen Unwin. Allerdings begnügt er sich als seriöser Naturwissenschaftler von vornherein damit, nur eine »Wahrscheinlichkeit der Existenz Gottes« zu ermitteln. Dazu betrachtet er die unterschiedlichsten Tatsachen des Daseins, die entweder für oder gegen die Existenz eines Gottes sprechen, etwa die Tatsache, dass Menschen das Gute erkennen können, dass es das Leid gibt, dass es religiöse Erfahrung gibt, dass wir sterben müssen, dass wir Liebe erfahren, dass wir die Schönheit der Natur erleben usw. Zahllosen solcher Lebenstatsachen ordnet Unwin Zahlenfaktoren zu, die ungefähr erfassen sollen, mit welcher Wahrscheinlichkeit eine Tatsache eher in einem göttlichen Universum vorkommt als in einem gottlosen. Aus diesen Zahlenfaktoren lässt sich dann mithilfe eines mathematischen Verfahrens (dem sogenannten Bayes'schen Theorem) eine Wahrscheinlichkeit Gottes berechnen. Unwin kam auf eine Wahrscheinlichkeit von 67 Prozent. Die Existenz Gottes wäre demnach nicht sicher, aber doch einigermaßen wahrscheinlich. Freilich, Unwins Zahlenfaktoren wurden ganz subjektiv festgelegt. Vielleicht sollte man eher davon ausgehen, dass Gott mit einer Wahrscheinlichkeit von exakt 50 Prozent existiert – der ideale Prozentsatz für einen Glauben an Gott und ebenso für Atheismus.

Mit Gott ist es wie mit einem Gärtner. Man spürt die Anwesenheit des Gärtners, auch wenn dieser gerade abwesend ist. Wie einen Garten, so kann man auch den Kosmos als das Werk eines Schöpfers empfinden, erst recht, wenn man sich mit den Gesetzen, die in diesem Kosmos herrschen, eingehender befasst. Dann staunt man immer mehr über das Faktum unserer Existenz in diesem Universum. Was für ein Aufwand! Aber dieser Aufwand eines unvorstellbar großen Universums scheint notwendig zu sein, damit wenigstens auf einem der zahllosen Planeten Leben entstehen kann. Die Evolution ist nichts anderes als das praktische Austesten dieser unendlichen Fülle von Möglichkeiten. Nur so konnte sich das Unwahrscheinliche irgendwann doch verwirklichen. Die Erde mit ihren Lebensformen ist das verwirklichte Unwahrscheinliche. Und in dieser Tatsache ist die Göttlichkeit des Universums zu spüren. Es ist letztlich egal, ob man als gläubiger Mensch an die Vorsehung Gottes glaubt oder daran, dass sich alles aus einer unendlichen Fülle von Zufällen entwickelt hat. Vielleicht ist es ja so: Es gibt einen göttlichen Plan in der Natur, und dieser heißt Evolution. Und diese Evolution gehorcht in hohem Maße dem »Gesetz« des Zufalls. Damit wäre die Lehre Darwins eine zutiefst religiöse Lehre, mit der man als gläubiger Mensch des 21. Jahrhunderts keine Probleme haben sollte. Und was man nicht vergessen sollte: Darwin selbst war religiös.

Ist die Naturwissenschaft
ein Feind der Religion?

Religiöse Menschen vertreten zuweilen die Ansicht, dass die Naturwissenschaft bei der Sinnsuche alles andere als hilfreich sei. Die Naturwissenschaft störe nur bei der Suche nach dem Sinn, denn dieser liege bei Gott, und Gott sei kein Gegenstand der Naturwissenschaft. Zugegeben, da ist was dran. In der Tat besitzt die Naturwissenschaft kein Mittel, mit dem sie das Göttliche beweisen oder widerlegen könnte. Gott ist die einzige geistige Substanz, die von den Naturgesetzen nicht berührt wird. Aber sind diese nicht selbst Ausdruck des Göttlichen? Das war schon die Frage des großen Goethe: ob sich Gott nicht über die Natur zuletzt ergründe? Demnach wäre das naturwissenschaftliche Weltbild in letzter Konsequenz ein Gottesbild.

Und in der Tat: Je tiefer man in die Naturwissenschaft eindringt, umso klarer tritt ein universeller Geist vor Augen. Nichts spricht dagegen, ihn als Geist des Schöpfers anzusehen. Dieser Schöpfergeist – man könnte auch vom Göttlichen in der Natur sprechen – drückt sich in einer abstrakten, klaren und strengen Sprache aus, jener der Mathematik. Die Mathematik, mit der die Natur in weiten Bereichen exakt beschrieben werden kann, ist die Sprache Gottes, so könnte man sagen. Gott ist der absolute und allerhöchste Mathematiker. Das heißt nicht, dass Gott sich nur in dieser Sprache kundtut. Auch die Musik könnte man als göttliche Sprache deuten; aber auch sie ist mathematisch aufgebaut. Und dennoch erschöpft sich Gott nicht im rein Mathematischen. Gott ist jenes letzte Geheimnis, an das auch die Mathematik in ihren höchsten Ebenen nicht heranreicht. Und das ist gut so. Wer möchte schon in einer geheimnislosen Welt leben? »Wenn das Gefühl, dass die Welt ein Geheimnis birgt, je aus der Menschheit entschwindet – ist alles zu Ende«, meinte der jüdische Religionswissenschaftler Gerschom Scholem (1897–1982).

Nein, die Naturwissenschaft beseitigt nicht Gott, was sie ohnehin nicht könnte, auch wenn sie es wollte. Sie will es aber gar nicht. Vielmehr zeigt sie, ohne auch das zu wollen, wie die Natur in ihren tiefsten Rätseln jenes Göttliche berührt, von dem die Religionen sprechen. Forschung ist somit in ihrer letzten Konsequenz eine radikale Gottesschau. Naturwissenschaft ist Schöpfungsoffenbarung, insofern Gott die Welt nach »Maß, Zahl und Gewicht« erschaffen hat. Der große Physiker Max Planck (1858–1947) drückte es so aus: »Für einen gläubigen Menschen steht Gott am Anfang, für den Wissenschaftler am Ende seiner Überlegungen.«

Naturwissenschaft und Religion haben letztlich das gleiche Ziel: das Öffnen von Pforten der Wahrnehmung und Erkenntnis. Damit sich der Mensch bewusst werde über das eigene Dasein in diesem Universum, die eigene Stellung in der Welt. Die Selbsterkenntnis ist die treibende Kraft der Religion *und* der Naturwissenschaft. Das naturwissenschaftliche Beobachten und Experimentieren ist stets auch Selbstbeobachtung und Selbsterforschung. Jeder

Blick zu den Sternen, egal, ob mit bloßem Auge oder durchs Teleskop, ist ein Blick in einen selbst — was ja auch der Grund dafür ist, dass uns diese Einblicke so tief bewegen und staunen lassen. Das Gleiche gilt für den Blick durchs Mikroskop in die Welt des ganz Kleinen. Im Wort »Staunen« verbirgt sich das Starrsein angesichts einer Erscheinung, in der etwas zu uns spricht, das über die bloße Physik der Erscheinung hinausweist.

So hält uns die Naturwissenschaft in einem fortwährenden Zustand der Verwunderung und des Staunens angesichts von etwas, das immer noch ein bisschen reicher, feiner, rätselhafter ist als die Theorie darüber. In der Naturwissenschaft geht es neben exakter Beobachtung und widerspruchsfreier Deutung des Beobachteten auch um Ehrfurcht und Verehrung. Die Naturwissenschaft ist nicht nur mit dem Geistigen vereinbar, sondern sie ist selbst eine unerschöpfliche Quelle des Geistigen. Gerade an den Grenzbereichen des Wissens scheinen geistig-religiöse Qualitäten ganz von selber auf. Gleichzeitig gibt die Naturwissenschaft deutlich zu verstehen, dass sie über Gott selbst oder das Göttliche nichts sagen kann; sie weiß sehr genau um ihren Gültigkeitsbereich. Sie verschweigt nicht, dass es neben dem Gewussten und Erklärten auch jede Menge Ungewusstes und Unerklärtes gibt.

Die Naturwissenschaft hegte niemals Feindschaft gegen das Religiöse, was man schon daran sieht, dass fast alle großen Naturwissenschaftler — von Pythagoras über Cusanus, Kopernikus, Galilei, Newton, Darwin bis hin zu Planck, Einstein, Schrödinger, Heisenberg oder Carl Friedrich von Weizsäcker — religiöse Menschen waren und sind.

Religiosität hemmt nicht den naturwissenschaftlichen Forschergeist. Naturwissenschaftliche Erkenntnis vermag sogar die vorhandene Religiosität noch weiter zu vertiefen.

Der Mensch hat sich selbst den Namen »Homo sapiens« gegeben. Man kann das mit »wissender Mensch« übersetzen oder, besser noch, mit »weiser Mensch«. Weisheit ist mehr als Wissen; sie schließt Erfahrung, auch Glaubenserfahrung, mit ein. In der Menschheitsgeschichte, so ist zu vermuten, traten Naturwissen und religiöser Glaube gleichzeitig in Erscheinung. Gott, so kann man wohl sagen, hat dem Menschen ein so großes Gehirn gegeben, damit er es benutze, damit er die Welt und ihren Schöpfer erkenne. Das ursprüngliche Verstehen der Natur war religiöses Verstehen. In den vorantiken Gesellschaften stellten die Wissenden auch die Priesterschaft; sie waren Weise, Heiler und Heilige in einem.

Schaut man auf die vergangenen 5000 Jahre der Menschheitsgeschichte, so gewinnt man den Eindruck, als habe die Religion ihre Macht in dem Maße eingebüßt, wie das Wissen des Menschen zugenommen hat. Die Aufklärung, also der Glaube an die Vernunft, scheint den Glauben an Gott oder Götter verdrängt zu haben. Mit dem Öffnen der Tür zur Moderne schloss sich die Tür zum Glauben immer mehr. Das Wissen trat an seine Stelle. Der Weg, den Europa mit der Aufklärung gegangen ist, ist unumkehrbar. Die alten religiösen Bilder, ob in der Bibel oder im Koran, müssen neu gedeutet werden. Was dem Menschen vor 2000 Jahren heilig war, muss es heute nicht mehr sein. Auch das Heilige verändert sich. Blitz und Donner verstehen wir auch nicht mehr als Zeichen einer Gottheit, wie das Menschen früherer Zeiten taten.

Aufklärung und Vernunft schwächen nur jenen Teil des religiösen Glaubens, der in krassem Widerspruch zum modernen Wissen steht. Doch diese Schwächung ist gut; denn unwissender Glaube ist schwacher Glaube. Diese Erfahrung macht zurzeit in besonderem Maße der Islam. In der Vergangenheit war die Gemeinschaft der Muslime stark, weil diese ein Ort der Bildung war. Das Gebot Mohammeds lautete: Lest! Und der Koran schreibt nicht vor, was man lesen soll. Die Muslime der islamischen Frühzeit lasen die Werke der griechischen Naturwissenschaftler, Mathematiker und Philosophen, und sie studierten die Werke der alten Perser, Inder und Chinesen. Das Ergebnis war, dass die Naturwissenschaften und die Mathematik eine enorme Blütezeit in der islamischen Welt erlebten. Muslime entwickelten eine neue Astronomie, eine Geografie, neue Zweige der Mathematik. Doch im 15. Jahrhundert begannen religiöse Gelehrte innerhalb des Islam den Naturwissenschaften Einhalt zu gebieten. Fortan sollte nur noch zählen, was im Koran steht. Das Resultat war ein geistiger Rückschritt genau zu jener Zeit, als Europa in die Renaissance eintrat und begann, sich naturwissenschaftliches und mathematisches Wissen anzueignen, was bis dahin von einem verknöcherten Christentum unterbunden worden war. Bis heute verharrt die islamische Welt in ihrer Wissenschaftsfeindlichkeit und verliert den Anschluss an die moderne Welt, die sich auf das Wissen gründet. Dabei steht im Koran, dass Allah jenen Menschen hilft, die ihren geistigen Horizont in alle Richtungen erweitern.

Gerade angesichts der modernen naturwissenschaftlichen Welterklärung wird Gott viel größer und unfassbarer, als er im biblischen Mythos erscheint. Gott ruht gleichsam im Zentrum aller. Fragen, die die moderne Wissenschaft zu lösen versucht. Eine wahrhaftige Religion verschließt sich dem Wissen der Moderne nicht, weil sich Gott in diesem Wissen auf geradezu erschütternde Weise offenbart. Die Religion muss wissen, dass die Naturwissenschaft nicht zu bezwingen ist, schon gar nicht durch religiöse Leugnung. Doch etwas anderes ist auch klar: Die Wahrheiten der Naturwissenschaft sind nicht die ganze Wahrheit. Die letzte Wahrheit, das weiß auch die Wissenschaft, liegt bei Gott. Welche Wahrheit das ist, wissen wir nicht.

Gibt es ein Leben nach dem Tod?

»Leben« ist ein sehr präzises Wort; es meint alles, was nicht tot ist. Das Leben ist an Lebewesen gebunden. Biologisch zählt der Mensch zu den Säugetieren und unterliegt damit den gleichen biologischen Gesetzen wie diese. Irgendwann ist das Leben zu Ende, und der Tod tritt ein. Dabei kümmert es die Natur nicht, ob ein Mensch, ein Hase oder ein Birnbaum stirbt. Denn der Tod ist notwendig, damit es neues Leben geben kann. Durch den Tod wird Platz geschaffen für neues Leben, und dieses neue Leben nährt sich vom Toten. Alles Leben beruht gleichermaßen auf dem Element Kohlenstoff, das stets neuen biologischen Kreisläufen zugeführt wird. Woraus wir körperlich bestehen, war früher schon in unzähligen Lebewesen vorhanden und wird in Zukunft anderen Lebewesen als stoffliche Grundlage dienen. In materieller Hinsicht sind wir also ohnehin unsterblich. Interessant dabei ist, dass keines der Atome, aus denen wir bei unserer Geburt bestanden haben, heute noch in uns ist. Lebewesen tauschen fortwährend die Stoffe aus, aus denen sie bestehen.

Auf dieser biologischen Grundlage können wir über alles andere reden, zum Beispiel auch über eine irgendwie geartete Fortexistenz nach dem Tod. Biologisch ist eine solche auszuschließen. Wir als Person werden nach dem Tod nicht mehr sein. »Aus, Äpfel, Amen!«, wie der Bayer sagt. Falls es ein »Leben« nach dem Tod gibt, wird dieses mit dem Leben vor dem Tod nichts gemein haben.

Sicher ist, dass mit dem Tod etwas endet. Unsicher ist, ob mit dem Tod etwas beginnt. Diese Ungewissheit suchen die Religionen in eine Gewissheit umzumünzen. Sie sagen, dass der Tod kein Ende ist, sondern ein Übergang. Nur der Körper vergehe, der Geist oder die Seele bleibe. Das ist eine äußerst gewagte Behauptung, die von vielen Menschen wohl deshalb so leicht angenommen wird, weil sich eine große Hoffnung daran knüpfen lässt: geistig unsterblich zu sein. Gewagt ist die Behauptung deshalb, weil nach allem, was die Wissenschaft vom Leben weiß, der Geist und die Seele Produkte eines Körperorgans sind: des Gehirns. Ohne Gehirn kein Geist und auch keine Seele. Wenn im Tod das Gehirn seine Funktionen einstellt, ist es auch mit dem Geist vorbei. Wir *sind* unser Gehirn, wir *sind* diese paar Pfund Hirnmasse unter der Schädeldecke. Ist sie nicht mehr, sind auch wir nicht mehr. Es gibt im Menschen nichts »rein Geistiges«, ebenso wenig etwas »rein Materielles«. Alle Zellen des Körpers, voran die Nervenzellen des Gehirns, haben Anteil an unserer Geistigkeit. Jeder Akt unserer geistigen Tätigkeit wird vom Biologischen genährt. Vom Moment der Zeugung an ist auch der Geist da, wenn auch nur auf dem Niveau einer Amöbe. Davor war er, wenn man so will, noch aufgeteilt in den »Geist« der weiblichen Eizelle und den »Geist« der männlichen Samenzelle, die rein nach dem Prinzip des Zufalls zusammentrafen. In uns wirkt das Leben aller unserer Vorfahren fort – eine ununterbrochene Lebenskette bis zurück zu »Adam und Eva«.

Die Religionen hatten von jeher eine andere Vorstellung von der Seele – eine kindliche, wenn man so will. Die Seele ist für sie etwas Eigenständiges, das zum Körper hinzutritt – gewissermaßen ein Geist, der in Totes hineinfährt und dieses auch wieder verlassen kann, um sich einen neuen Körper als »Wohnsitz« zu suchen. Das nennt sich dann Wiedergeburt, wie sie von den indischen Religionen vertreten wird.

Als naturwissenschaftlich geprägter Mensch kann man damit kaum etwas anfangen, so schön das Bild von der frei schwebenden Seele auch sein mag. Man hegt eher den Verdacht, dass dieses Bild ein Wunschbild ist, geboren aus der Angst vor dem Nichts, das der Tod bedeuten könnte. Jeder »wartet mit Furcht und Zittern auf den Tag seiner Fahrt ins Dunkel«, wie der jüdische Religionsphilosoph Franz Rosenzweig (1886–1929) gemeint hat. Denn der Mensch will leben, er will nicht tot sein. Tot sein will er nur in höchster Lebensverzweiflung; dann wird gerade das Nichts als Erlösung herbeigesehnt. Sonst aber hofft der Mensch, dass der Tod keine Fahrt ins Dunkel sein möge, sondern eine ins Licht. Dieses »Licht« verheißen die Religionen, jede auf ihre Weise.

Damit ist die Frage des Todes die Kernfrage aller Religion. Und je weniger sie in dieser Frage verspricht, umso glaubwürdiger erscheint sie. Die Religion betrachtet das irdische Leben als eine Art von Schlaf und das Sterben als ein Erwachen – wiederum ein schönes Bild, das freilich auch wieder nur der Angst vor dem Nichts entspringt.

Was steckt denn eigentlich hinter dieser Angst? Wieso fürchtet der Mensch das Nichts? Er kennt es doch, es ist ihm ganz vertraut, ja, vertrauter als alles andere. Denn das Nichts war, bevor wir gezeugt wurden. Und war dieses Nichts vor unserer Zeugung denn so furchtbar? War es nicht vielmehr sehr angenehm, nicht zu sein? Könnte es nicht sein, dass wir im Augenblick unseres Todes dorthin zurückkehren, woher wir kommen? In dieses uns vertraute Nichts. Wir gehen im Tod über eine Schwelle, das ist gewiss – und dann sind wir zu Hause.

Der Mensch fürchtet das Nichts, obwohl er es kennt. Aber fürchtet er es wirklich, oder ist es doch mehr ein großer Ärger darüber, das schöne Leben – wenn es denn schön ist – verlassen zu müssen und damit alles, was ihm lieb und teuer ist, zu verlieren, vor allem sich selbst? Der Mensch hängt an sich. Der Tod ist ein gemeiner Spielverderber. Jedes Spiel, wenn es schön ist, erscheint einem viel zu kurz. Gern möchte man es wiederholen oder erst gar nicht damit aufhören. Das Leben ist kurz, das macht den Tod zum Ärgernis. Der Schriftsteller Vladimir Nabokov (1899–1977) hat für diese Winzigkeit eines Menschenlebens ein eindringliches Bild geschaffen: »Die Wiege schwingt über einem Abgrund, und der Hausverstand sagt uns, dass unser Leben nur ein kurzer Lichtspalt zwischen zwei Ewigkeiten des Dunkels ist.«

Weil der Mensch sich gegen dieses ewige Dunkel sträubt, bietet ihm die Religion Bilder von einem Jenseits an. Doch diese sind bei nüchterner Betrachtung wenig verlockend. So reißen sich nicht einmal Gläubige darum, möglichst schnell in dieses Jenseits zu gelangen. Noch der gläubigste Mensch hängt am Leben und stirbt nicht gern. Jeder möchte ER bleiben, jeder ist ängstlich besorgt um seine Individualität. Auf den Körper, der im Alter ohnehin lästig wird, könnten wir gut verzichten, aber nicht auf unser Ich. Die Religion verspricht den Erhalt des Ichs über den Tod hinaus – ein grandioses Versprechen.

Aber die innere Vernunftstimme sagt uns, dass das Ich nicht vom Körper abzulösen ist, vor allem nicht von seinem »Ich-Organ« Gehirn. Verfällt das Gehirn, wie das etwa bei der Alzheimer-Krankheit der Fall ist, so verfällt mit ihm das Ich, bis der Mensch nur noch ich-los dahindämmert. Wir müssten schon unser Gehirn ins Jenseits mitnehmen, um dort als Ich weiterzuexistieren. Denn der Geist benötigt nun mal eine Form, also einen Körper, um sich zu verwirklichen. Die Wahrscheinlichkeit ist deshalb sehr groß, dass mit dem Tod auch das vergeht, was wir unter dem Namen Geist oder Seele verstehen – dass es in die ewige kosmische Ordnung zurückkehrt, von wo es gekommen ist.

Und dennoch bleibt ein klitzekleines Vielleicht: vielleicht ist nach dem Tod doch etwas, von dem wir trotz unseres hohen Wissensstands keine Ahnung haben. Aber warten wir doch einfach ab; wir werden ja sehen, ob wir ohne unseren Körper auf rein geistige Art noch etwas sehen, fühlen, hören, schmecken und riechen. Hat nicht schon Jesus diesem ängstlichen und kleinlichen Ansinnen des Menschen widersprochen, indem er sinngemäß sagte: Wer sein Leben verliert um meinetwillen, der wird es erhalten, und wer es erhalten will, der wird es verlieren. Man kann das so verstehen: Kümmere dich nicht ängstlich um das, was nach dem Tod sein wird, sondern um das, was dein Leben bisher war und in diesem Augenblick ist.

Allein im Diesseits ist Unsterblichkeit zu erlangen – im Anschauen des Unendlichen und Ewigen, von dem wir umgeben sind. Gerade die östlichen Religionen bieten Möglichkeiten an, im Anschauen des Universums eins mit ihm zu werden. Das will freilich geübt sein. Wenn man aber schon im Diesseits eins sein kann mit dem Ewigen, so stellt sich die Frage nicht mehr, was nach dem Tod sein könnte – oder sie stellt sich ganz anders. »Die Unsterblichkeit«, so meinte der evangelische Theologe und Philosoph Friedrich Schleiermacher (1768–1834), »darf kein Wunsch sein, wenn sie nicht erst eine Aufgabe gewesen ist, die ihr gelöst habt. Mitten in der Endlichkeit eins werden mit dem Unendlichen und ewig sein in einem Augenblick, das ist die Unsterblichkeit der Religion.«

Es gibt also eine Möglichkeit, schon im Leben zu erwachen: im Anschauen des Universums. Dann wird der Tod nichts bringen, was wir nicht schon wüssten. Im Grunde kann uns der Tod sowieso gleichgültig sein, wie schon der griechische Philosoph Epikur (341 v. Chr. – 271 v. Chr.) meinte: »Bin ich, ist er nicht. Ist er, bin ich nicht.« Allein in dieser Einsicht müsste unsere vom Tod geängstigte Seele doch ihre Ruhe finden.

Warum ist die Religion so ernst?

Sollte ich die Gottesdienste, die ich in meiner Kindheit im katholischen Bayern erlebt habe, mit einem einzigen Wort beschreiben, so würde ich sagen: langweilig. Die Langeweile weckte schon damals in mir den Verdacht, dass Gott in diesem Gottesdienst nicht anwesend ist. Denn Gott kann doch nicht langweilen. Schließlich ist er das Atemberaubendste, was der menschliche Geist zu denken versucht. Diese simple Erkenntnis führte mich im Lauf des Lebens zu der Einsicht, dass Gott, wenn überhaupt, immer dann zu spüren ist, wenn man von etwas ganz und gar begeistert oder besser: be-geistet ist. Das kann alles Mögliche sein – ein Kunstwerk zum Beispiel. Denn was versucht der große Künstler anderes, als die Empfindung des Unendlichen festzuhalten. »Der Sinn der Kunst«, so meinte der russische Filmkünstler Andrej Tarkowskij (1932–1986), »ist die Suche nach Gott im Menschen.« Die Kunst begeistert, sie macht Freude. Auch Gott muss begeistern. Wo die Begeisterung ausbleibt, ist Gott nicht anwesend.

Ich glaube, es war dieses Fehlen von Freude und Heiterkeit, was mich schon als Kind an Gottesdiensten verzweifeln ließ, so sehr, dass ich mit dem Tag meiner Firmung niemals mehr an einem solchen teilnahm. Um genau zu sein: Es war nicht nur Langeweile, was ich in meiner Kinderseele verspürte, sondern es kam noch Zerknirschtheit hinzu. Dieses unablässige Feiern des Martyriums überall in den Bildern und Statuen, die den Kirchenraum füllten. Über den Häuptern der Gläubigen hing drohend ein riesiges Kruzifix an der Kirchendecke. Stets hatte ich Angst, es könnte herabstürzen und mich erschlagen.

Man stelle es sich einfach mal vor: Da findet ein Gottesdienst statt, in dem auch mal gelacht wird, ja, wo überhaupt eine heitere, gelassene, womöglich sogar ausgelassene Stimmung herrscht. Ein Gottesdienst als Party. Unvorstellbar! Allein der Gedanke kommt einem schon gotteslästerlich vor. Ein Gottesdienst hat ernst und feierlich zu sein, streng in seinem Ablauf. Nicht umsonst spricht man von einem »Dienst«. Jeder weiß, was es heißt, im Dienst zu sein.

Aber wieso wird Gott in einem streng reglementierten Gottesdienst gehuldigt, gleichsam auf dem »Dienstweg«? Wieso kein Gottesfest anstelle eines Gottesdienstes? Die Vermutung liegt nahe, dass der Grund bei Gott selbst liegt. Gott will diesen Dienst, und er will ihn seit Jahrtausenden so und nicht anders. Weil ein Dienst diesem Gott wesensgemäß ist. Gott will kein Fest; er verabscheut Feste. Ein Fest hat immer einen »heidnischen« Einschlag. Die Götter Griechenlands liebten Feste.

Man muss sich diesen Gott, wie er sich in der Bibel offenbart, nur genauer anschauen. Was zeichnet ihn aus? Zuerst einmal Strenge, väterliche Strenge. Aber was wünscht man sich von einem strengen Vater? Nun, dass er nur hin und wieder streng ist, man beizeiten aber auch heiter und ausgelassen mit ihm sein kann. Am schlimmsten ist ein strenger Vater, der seine Strenge als Ausdruck seiner Liebe verstanden wissen will. Wer will schon streng geliebt werden? Aber genau so liebt Gott. Mehr noch: Er liebt zürnend, drohend, fordernd, trotzig, eifersüchtig, rächend, strafend, kriegerisch. Man könnte auch sagen: Gott liebt mit allen nur denkbaren menschlichen Schwächen. Gewiss, er liebt auch beschützend, helfend, verzeihend und gütig, doch das andere ist vorherrschend. Man fürchtet Gott mehr, als dass man ihn liebt. Und irgendwie droht Gott beständig mit seiner Liebe. Er gibt sie von vornherein nur, wenn er im Gegenzug etwas dafür bekommt. Er gibt sie nur dem, der an ihn glaubt und der ihn liebt. Gottes Liebe ist keine bedingungslose.

In der Religion spiegelt sich der Gott, dem sie huldigt. Eine heitere Religion setzte einen heiteren Gott voraus. Bei einem Gott, der niemals lacht, hat auch der Gläubige nichts zu lachen. Die Götter Griechenlands lachten – über sich selbst und über die Menschen. Sie hatten ihren Heidenspaß.

Aber wieso ist Gott so ernst und streng, so ganz ohne Humor? Religionsgeschichtlich bieten sich hier als Erklärung seine Einmaligkeit, Andersartigkeit und Unfassbarkeit an. Was man mit seinem Verstand nicht fassen kann, gibt wenig Anlass zur Heiterkeit. Unfassbarkeit erzeugt Ernst, ja unter Umständen sogar Schrecken. Der eine Gott wollte anders sein als die vielen Götter vor ihm. Und er will nicht neben ihnen, sondern ganz ohne sie verehrt werden. Aber ein einziger, alleiniger, ja man könnte sagen: ein einsamer Gott hat nichts zu lachen. Zum Lachen gehört die Gemeinschaft, mehr noch: die Geselligkeit.

So steht der biblische Gott in einem scharfen Gegensatz zu den antiken Göttern, zumal den griechischen. Diese waren sehr »menschliche« Götter. So berichten die griechischen Mythen vom Lachen der Götter während des gemeinsamen Opfermahls mit den Menschen. Denn die Menschen luden zu den höchsten Feiertagen die Götter zu sich ein. Und die Götter kamen. So war die Idee des antiken griechischen Opfers eine der Fülle und der Teilhabe. Der Mensch wollte sich mit dem Opfer nicht die Gunst der Götter erschleichen, sondern mit ihnen ein berauschendes Fest feiern, um sich so wenigstens für kurze Zeit ein Stück weit selbst zu vergöttlichen. Im Rausch wird der Mensch zum kleinen Gott. Gewiss, das Lachen der antiken Götter konnte auch bösartig, überlegen, schadenfroh und vernichtend sein. Denn die Götter lachten besonders gern über alle Arten menschlichen Ungeschicks, vor allem über die besondere Fähigkeit der Menschen, sich ins Unglück zu stürzen, über ihre Lust am eigenen Verderben, über ihr blindes Anrennen gegen das Schicksal.

Ganz anders der biblische Gott: Er will das Opfer nicht als gemeinsames Festgelage, sondern er fordert es exklusiv für sich und legt dabei pedantisch fest, wie es auszusehen hat. Vor allem muss es ein Tieropfer sein – und hierin ist er dann doch wieder ganz heidnisch gestimmt. Pflanzenopfer findet der biblische Gott unter seiner Würde. Selbst das Menschenopfer ist dem biblischen Gott nicht fremd. Dies zeigt sich zum Beispiel in der Geschichte von Abraham und seinem Sohn Isaak. Gott fordert von Abraham als Liebes- und Gehorsamsbeweis die Tötung des eigenen Sohns. Dieser soll aber nicht irgendwie umgebracht, sondern als Brandopfer auf dem Altar dargebracht werden.

Auch in allen anderen Dingen, die den einen Gott betreffen, ist er sehr streng und penibel. Alles Kultische legt er bis ins Kleinste fest: wie der Opferaltar auszusehen hat, wo er zu stehen hat, welche Tiere als Opfer genehm sind, wie viele es jeden Tag sein müssen, wie der Priester gekleidet sein muss, welche Form die heiligen Geräte haben müssen, aus wie viel Gold (aufs Gramm genau) sie gefertigt sein müssen.

Von Anbeginn scheint die monotheistische Religion, also die Religion des einen Gottes, ein großes Problem mit der Freiheit zu haben. Dieser religiöse Reglementierungswahn bleibt bis heute in den Gottesdiensten erhalten, und das ist es, was sie für den modernen Menschen so langweilig macht. Es gäbe noch viele Beispiele, an denen sich nachweisen ließe, wieso der biblische Gott am geradezu bitteren Ernst der jüdisch-christlichen Glaubenswelt die Hauptschuld trägt. In den Religionskriegen hat dieser Ernst seine schrecklichsten Folgen gehabt.

Aber wie steht es in dieser Frage mit Jesus Christus, dem Sohn des strengen biblischen Gottes? Wie der Vater, so der Sohn, könnte man als Erstes darauf antworten. Zwar verkündet Jesus eine Frohe Botschaft, doch vermochte diese keine frohe Religion zu schaffen. Der alttestamentarische Gott-Vater-Ernst wirkt auch im Sohn fort. Das muss auch nicht verwundern, denn in der christlichen Gottesvorstellung sind ja Vater und Sohn wesensgleich. Das Bild, das die Evangelisten von Jesus zeichnen, ist einerseits das eines Mannes von überlegener Geistigkeit und strenger Klarheit des Denkens, andererseits aber auch das eines radikalen, zuweilen aufbrausenden, ziemlich parteiischen und rigorosen Mannes. Bei Jesus fehlen alle Züge heiterer Gelassenheit, wie sie etwa bei Buddha zu finden sind. Parteilichkeit spürt man bei Jesus zum Beispiel in seinen Vorurteilen den Reichen gegenüber: als wäre der Reiche von vornherein ein schlechter Mensch, während die Armen und Beladenen allesamt gut sind. Dieser Zug macht Jesus nicht unbedingt sympathisch. Auch in dieser Hinsicht steht er zu Buddha in starkem Gegensatz, der solche Vorurteile nicht gekannt hat. Dafür hatte Buddha massive Vorurteile gegenüber Frauen, die im Buddhismus bis heute fortwirken, jedoch bei Jesus nicht zu spüren sind.

Mal ehrlich: Wünschen wir uns nicht insgeheim einen Jesus, der mit seinen Jüngern und Jüngerinnen auch lacht, der hin und wieder einen heiteren und humorvollen, seiner Botschaft entsprechenden Ton anschlägt? Denn immerhin verkündet Jesus nichts Geringeres als Liebe. Aber ist die Liebe nicht eine Schwester des Humors? Wer weiß, vielleicht war Jesus ja ein humorvoller, witziger Mensch (und Gott) und wurde nur von den Evangelisten so ernst gezeichnet. Man weiß ja, dass die Autoren des Neuen Testaments vieles unterschlagen haben, was Jesus ausgezeichnet hat, etwa seine große Nähe zu Frauen, die sich zahlreich in seiner Gefolgschaft befanden. Oder dass Jesus ein Familienmensch war, der nicht nur viele Brüder, sondern auch Schwestern hatte. Jesus wird in den Evangelien als ein asketischer Einzelgänger gezeichnet. Dabei dürfte Jesus mit großer Wahrscheinlichkeit verheiratet gewesen sein. Bezeichnend, dass die einzige Hochzeit, von der im Neuen Testament berichtet wird, jene zu Kanaa, Jesus als ziemlich unfreundlichen Menschen zeigt. Es könnte gut sein, dass es sich bei dieser Hochzeit um Jesu eigene (mit Maria von Magdala?) gehandelt hat. Wenigstens auf einem Hochzeitsfest (noch dazu dem eigenen) wären Frohsinn und Heiterkeit angebracht. Aber auch da ist Jesus ernst, ja unversöhnlich. Wie gereizt er seiner Mutter antwortet, die nur feststellt, dass der Wein zur Neige geht: »Und da es an Wein gebrach, spricht die Mutter Jesu zu ihm: Sie haben nicht Wein. Jesus spricht zu ihr: Weib, was habe ich mit dir zu schaffen? Meine Stunde ist noch nicht gekommen.« Mit seiner »Stunde« ist wohl seine Todesstunde gemeint.

Und vielleicht liegt ja hierin der Schlüssel für das Unfrohe der Frohen Botschaft: Sie verwirklicht sich allein über den schrecklichen Opfertod dessen, der sie verkündet. Denn Jesus tritt nach christlichem Verständnis mit dem Anspruch an, die ganze Menschheit zu erlösen. Dagegen wäre nichts einzuwenden, wenn dieses Erlösungswerk nicht mit seinem Opfertod am Kreuz verbunden wäre. Das bringt den Erlösten in eine schwierige Lage; er muss sich schuldig fühlen am Tod des Gottessohns. Solche Last kann keiner tragen. Da ist sie also wieder, die uralte und zentrale Rolle des Opfers in der Religion. Nur, es wird in Jesus auf dramatische Weise umgekehrt: Nicht der Mensch opfert der Gottheit, sondern diese opfert sich (als Mensch) für den Menschen.

Aber, so fragt man sich, kann der Mensch ein Selbstopfer seines Gottes überhaupt annehmen, ohne daran zu verzweifeln? Denn wovon will uns Jesus Christus mit seinem Selbstopfer eigentlich erlösen? Von nichts Geringerem als unserer Erbsünde. Das Christentum behauptet nämlich – und wir haben es zu glauben –, dass jeder

Mensch von Geburt an mit einer schweren Sünde beladen ist. Durch diese gleichsam von Adam und Eva geerbte Sünde sind wir automatisch Verdammte. Wir kommen nicht als unschuldige Babys zur Welt, sondern als von Gott verdammte Sünder, ohne persönlich gesündigt zu haben. Das ist bitter. Denn damit wird nichts anderes gesagt, als dass der Mensch von Grund auf schlecht ist.

Wie in Gottes Namen soll auf dieser Grundannahme eine fröhliche Religion entstehen? Wir sind sündig, weil Adam und Eva, die ersten Menschen, gesündigt haben, indem sie vom verbotenen Baum der Erkenntnis aßen. Hier möchte man dem biblischen Gott doch den Vorwurf machen, dass das mit dem Baum der Erkenntnis eine gemeine Falle war. Gott hätte doch wissen müssen, dass ein solches Verbot den Menschen nur dazu verleiten würde, es zu übertreten. Schließlich hat Gott den Menschen so und nicht anders geschaffen – als schwaches Wesen. Gott hat das Verbot offensichtlich nur erlassen, damit der Mensch es übertritt. Gott legte seinen Garten Eden so an, dass der Mensch darin zum Sünder werden musste.

Die Sache mit der Erbsünde ist eine schwer verdauliche Konstruktion des Christentums. So etwas nennt man Kollektivschuld: Jeder ist schuldig, weil er Mensch ist. Darauf lässt sich keine fröhliche Religion begründen. Deshalb kommt ja auch die christliche Frohe Botschaft beim Gläubigen nicht wirklich als solche an. Die Botschaft ist eher deprimierend: Ich bin schuld am Tod des Gottes. Zwar verheißt die Frohe Botschaft Erlösung von dieser Ursünde, aber darüber kann man sich so recht nicht freuen. Ein untergründiges schlechtes Gewissen bleibt.

Andererseits sollte sich unsere Zerknirschung darüber in Grenzen halten. Denn Gott selbst wollte doch dieses Selbstopfer. Und alle Menschen mit der Erbsünde zu belasten war ebenfalls seine Idee. Wir können nichts für unsere ererbte Sündhaftigkeit und haben von Gott auch nicht verlangt, sich für uns ans Kreuz schlagen zu lassen. Und waren denn alle Menschen, die vor Jesus Christus gelebt haben, Verdammte? Aus christlicher Sicht wohl schon. Aber das Christentum ist nicht die einzige Religion, die von Gott eingesetzt wurde. Ein von Gott berührter Mann wie Buddha wusste nichts von einer Erbsünde; er fand Erlösung, ohne dass Gott für ihn am Folterkreuz starb.

Bezeichnend, dass selbst noch das christliche Auferstehungsfest zu Ostern im schmerzvollen Angesicht des Gekreuzigten gefeiert wird. Wenigstens an diesem hohen Festtag, der ein Freudentag ist, könnte man doch ein Freudensymbol an die Stelle des Kruzifixes stellen. Schließlich besitzt das Christentum ein solches: die Sonne – ein strahlendes Symbol der Freude, ein lachendes Gestirn, wenn man so will. »Die Sonne, das strahlende Bild des triumphierenden Heilandes«, heißt es im katholischen Liturgiebuch »Schott«. Doch die Christenheit hat sich zu ihrem tragenden Symbol das düstere Kreuz erwählt und nicht die heitere Sonne und dies gewiss auch deshalb, weil sie vielen heidnischen Göttern schon als Symbol gedient hat. Und so hat der Christ ständig das Kreuz mit dem gemarterten Gott vor Augen; er betet zu ihm. Nein, man lacht nicht im Angesicht des Leidens Christi. Denn schließlich steht das Kruzifix auch für jenes »Kreuz«, das wir selber zu tragen haben als Schuldbeladene.

Tatsächlich gab es bis weit ins Mittelalter hinein diesen »sonnigen« Aspekt im Christentum. Er äußerte sich zum Beispiel im Brauch des Osterlachens (»Risus Paschalis«). Im Ostergottesdienst wurde der durch Christus besiegte Tod ausgelacht und die überwundene Hölle der Lächerlichkeit preisgegeben. Doch irgendwann schafften die Kirchenoberen das Osterlachen wieder ab, vermutlich, weil Lachen befreiend wirkt und von jeher eine Waffe des Zweiflers war. Ein Christ, so lautete fortan die unfrohe Botschaft, habe nicht lachend, sondern weinend durchs Leben zu gehen – weil er den Gekreuzigten in sich trage.

Mit dem ursprünglich bedeutsamen Sonnensymbol verlor das Christentum seine heitere, lichte, fröhliche Seite. Freude zu bringen war nicht mehr das ehrliche Anliegen dieser Religion. Eifrig war sie über Jahrhunderte bemüht, im Menschen Angst zu schüren: Angst vor göttlicher Strafe durch ewige Verdammnis. Im Grunde funktionierte das ganze System der Kirche mithilfe der Angst. Religion als Angstsystem. Dabei könnte der Mensch sehr gut ohne Angst leben. Und die Religion sollte ihm eigentlich dabei helfen. Das ist ihr tiefster Sinn. Doch mit Ausnahme des Buddhismus, der bezeichnenderweise ohne einen persönlichen Gott auskommt, leben alle großen Weltreligionen mit und von der Angst. Das Christentum hat zeitweise sogar ihr blühendes Geschäft mit der Angst gemacht. Der arme Sünder konnte sich durch Geldzahlung von seinen Sünden loskaufen. Das geschah unter der Angst machenden Parole »Tut Buße!«. Dabei ist in den griechischen Urtexten der Heiligen Schrift nirgendwo von Buße die Rede. Dort findet man höchstens den Begriff

»meta noeite«, was nichts anderes meint als »Denkt um!«.
Erst der Kirchenvater Hieronymus (um 347–419), der die
hebräische und griechische Bibel ins Lateinische über-
setzte, hat daraus dieses »Tut Buße!« gemacht. Er hat aus
theologischen Gründen bewusst falsch übersetzt. Damit
aber wurde die heilige Botschaft selbst verfälscht. Das
Evangelium ist, wie der Name schon sagt, »eu angelion«,
also eine »frohe Botschaft«. Die christliche Kirche hat daraus eine Bußpredigt gemacht, eine Botschaft der Zerknirschtheit. Seitdem geht der Christ gesenkten Hauptes
und mit einem schlechten Gewissen durch die Welt; er
fühlt sich schuldig und sündig. Seine Religion macht ihn
im Innersten klein und erbarmungswürdig. In vielen Kir-
chenliedern kommt das zum Ausdruck: »Aus tiefer Sün-
dennot errette mich, o Herr!«

Zweifellos gibt es Sünden, eben das, was man Verbrechen nennt. Aber wer ist schon ein Verbrecher? Mit Sünde
ist in der Religion vor allem das kleine Vergehen gemeint,
das zu jedem alltäglichen Leben dazugehört, etwa die
Lüge. Ohne Lüge kämen wir gar nicht durchs Leben. Die
Religion macht daraus eine große Sache, um die kleinen
Leute einzuschüchtern, während sie zu den Verbrechen
der Großen und Mächtigen meistens schweigt, wenn sie
nicht sogar selbst daran beteiligt ist. Was die Religion vor
allem so unfroh und lustlos macht, ist ihre uralte Verteufe-
lung der Lust – und mit dieser ist vor allem die sexuelle
Lust gemeint. Auch das hat mit der Ursünde unter dem
Baum der Erkenntnis zu tun, denn mit »Erkenntnis« ist
auch gemeint, dass Adam und Eva sich nach dem Apfel-
genuss zum ersten Mal als Mann und Frau erkannten – auf

gut Deutsch: sie schliefen miteinander. Aber wie soll eine Religion, die die Lust verabscheut, eine lustige, heitere Religion sein? Das geht nicht. Dabei lehnt sie in der Sexualität etwas ab, was Gott selbst sich so erdacht hat in seiner weisen Schöpfung. Hier stellt sich die uralte Frage: Wie kann etwas schlecht sein, was von Gott kommt? Doch das Thema Religion und Sexualität werden wir in einem eigenen Kapitel behandeln.

Haben wir nicht manchmal das Gefühl, dass die Religionen dem Menschen das Leben mies machen wollen, damit das versprochene ewige Leben umso verheißungsvoller erscheint? Jede Religion ist von daher im Innersten lebensfeindlich. Sie ist von der Elendigkeit und Nichtswürdigkeit der Welt überzeugt und sieht das irdische Dasein zutiefst pessimistisch. Aller Optimismus zielt einzig aufs Jenseits. Das Jenseits soll nur um den Preis des Diesseits zu haben sein – und genau davon rührt das Unfrohe der Religion. Sie verheißt die göttliche Gnade nur dem, der den fröhlichen oder gar lustvollen Seiten des Lebens entsagt. Die Gnade Gottes erfährt nur, wer sie verdient, genauer: wer sie sich verdient. Und damit sind wir wieder beim Gottesdienst angelangt. Einen solchen würden wir gerne aufsuchen – wenn dort ein Frohsinn herrschte, der der Frohen Botschaft angemessen wäre. Ohne Humor verkommt die Religion zur Bigotterie. Aber ohne Religion wird aus Humor Zynismus.

Warum verdammen die Religionen das Materielle?

Die Religion ist eine Sache des Geists und der Seele. Es geht in ihr um Dinge, die jenseits alles Irdischen sind. Die Werte des Glaubens sind nicht käuflich. Es geht um das Metaphysische, um das, was hinter dem Physischen liegt, also die sinnliche Erfahrung überschreitet. Allen Religionen ist es eigen, dass sie dem Dasein des Menschen nur insofern Bedeutung zumessen, als es eine Probe auf das Jenseits ist. Das materielle Dasein ist Prüfung.

Alle Religionsstifter, Mohammed ausgenommen, hatten ihre Vorbehalte gegenüber den irdischen Gütern, zumal wenn sie um ihrer selbst willen angehäuft werden. Von Jesus kennen wir die rigorose Feststellung, dass eher ein Kamel durch ein Nadelöhr geht, als dass ein Reicher in den Himmel kommt. Oder mit anderen Worten: Reiche Menschen sind schlechte Menschen. Wie kommt Jesus dazu, so etwas zu behaupten? Kann denn ein Reicher nicht auch gut sein? Gewiss kann er das. Und vermutlich hat Jesus auch gar nicht gemeint, dass reiche Menschen automatisch schlechte Menschen sind, wenngleich eine gewisse Abneigung gegenüber den Wohlhabenden bei ihm stets zu spüren ist. Jesus, selbst aus ärmlichen Verhältnissen stammend, fühlte sich den Armen und Ausgestoßenen zugehörig. So war es auch kein Zufall, dass sich die frühen Christengemeinden in den ärmeren Gesellschaftsschichten bildeten, bis in die unterste Schicht, jener der Sklaven, hinein. Doch Jesu Vorbehalt gegenüber den Reichen bezog sich mehr auf deren Seelenheil: Reichtum nimmt die Seele in Beschlag. Nur, für die Armut gilt das Gleiche.

Mit dem Reichtum, so verkünden die Heiligen aller Religionen, schade der Reiche vor allem sich selbst. Die materiellen Güter entfernen den Menschen von Gott, sie schieben sich als Trennendes zwischen Mensch und Gott. Das Materielle lenkt von Gott ab. Aber soll das heißen, dass Armut ganz von selbst eine Gottesnähe schafft? Nein, der Arme kann in seiner bedrückenden Lage so sehr gefangen sein wie der Reiche in seinem Reichtum. Armut ist kein religiöser Wert an sich, sondern ein Fluch. Von religiösem Wert ist nur die selbst gewählte Armut. Tatsächlich aber ist es so, dass die Religion in armen Ländern meist eine größere Bedeutung hat als in den Ländern des Wohlstands. Dem widerspricht wiederum die Tatsache, dass das reichste Land der Erde – die USA – auch eines der am stärksten religiös geprägten Länder ist.

Wie dem auch sei – die Religionen geben der Armut den Vorrang gegenüber dem Reichtum. Jesus besaß nichts. Das Gleiche gilt für Buddha. Dennoch scheint Jesus nicht übermäßig asketisch gewesen zu sein. Er bezeichnete sich selbst ironisch als »Fresser und Weinsäufer« (Lukas-Evangelium, Kapitel 7, Vers 34) und stellte sich damit bewusst in Gegensatz zu Johannes dem Täufer, jenem Asketen, der wahrscheinlich sein Lehrer war – er stellte sich damit auch gegen die asketischen Propheten des Alten Testaments. Auch Buddha gab seinen Reichtum – selbst den seelischen

Reichtum seiner Familie – auf, um als Besitzloser durchs Land zu ziehen und zu predigen. Die Askese verwarf er jedoch sehr schnell und vertrat einen mittleren Weg.

Das ganze frühe Christentum war geprägt von einem starken Zug zum asketischen Leben. Der Urchrist sah sich in direkter Nachfolge Christi, er ging wie dieser in die Wüste. Die christliche Religion war also in ihren Anfängen eine Armutsreligion. Hierin steht sie in großer Nähe zum Buddhismus, ja überhaupt zu den Religionen des Ostens, die in ihrem tiefsten Wesen Weltabkehr-Religionen sind. Was die frühen Christen so diesseitsfern machte, war nicht zuletzt auch ihre Überzeugung, dass die Wiederkunft Christi unmittelbar bevorstehe. Also galt es, die verbleibende Zeit zu nutzen, um sich auf die Begegnung mit Gott vorzubereiten. Die irdischen Belange wurden für nichtig erklärt. Der Apostel Paulus hatte schon gemahnt – und damit den Grundton einer Jahrtausende währenden Lebens- und Lustfeindlichkeit angeschlagen: »Lasst uns ehrbar leben wie am Tage, nicht in Fressen und Saufen, nicht in Unzucht und Ausschweifung, nicht in Hader und Eifersucht; sondern zieht an den Herrn Jesus Christus und sorgt für den Leib nicht so, dass ihr in Begierden verfallt.« Martin Luther (1483–1546) wird diese Botschaft noch radikalisieren und den Leib gleichsam für tot erklären: »So ist der Leib zwar tot, der Geist aber ist das Leben.«

Die Botschaft des Paulus aus dem Römerbrief hatte den Lebemann Augustinus (354–430) im Alter von 32 Jahren zum Christentum bekehrt und zum bedeutsamsten Kirchenvater werden lassen. Die Worte des Paulus hatten ihn ins Mark getroffen. Seine geistige Erschütterung fand in einer folgenschweren Lehre ihren Ausdruck: Das Ziel des menschlichen Lebens liege zwar im Genuss, aber ausschließlich im Genuss Gottes, denn Gott sei das Gute an sich und damit das Einzige, das um seiner selbst willen erstrebt werden dürfe. Unter »Genuss Gottes« verstand Augustinus allerdings nichts anderes als das mönchische Ideal der Askese und des Gebets. Diese Lehre des Augustinus hat die christlichen Kirchen stark geprägt – bis heute. So gehören die Leibfeindlichkeit und die Abwertung der Sexualität (als Ursprung aller Sünde) zur christlichen Grundstimmung. Auch die verhängnisvolle Lehre von der Erbsünde hat hierin ihren Ursprung: Die Menschen sind von Anfang an sündig, da sie alle durch einen stets sündhaften Geschlechtsakt gezeugt werden.

Die irdischen Güter, so haben wir gesagt, behindern die Gottsuche, da sie fortwährend den Geist mit sich beschäftigen. Wer viel hat, will stets noch mehr haben. Das scheint wohl ein Grundgesetz des materiellen Besitzes zu sein: er soll wachsen. Man kriegt niemals genug. Das ist übrigens mit dem geistigen Besitz nicht anders: Wer viel weiß, will immer noch mehr wissen. So kommen ja selbst die Heiligen mit ihrer Heiligkeit nie an ein Ende. Denn auch aus der Nähe zu Gott könnte ja eine immer noch größere Nähe werden.

Wer zu sich selbst und zu Gott finden will, kommt nicht umhin, Ballast abzuwerfen. Verzicht erleichtert. Wer nur bei seinen Geschäften ist, kann schwerlich bei Gott sein. Oder umgekehrt: »Der Handel geht zurück, der Glaube wächst«, wie ein Sprichwort sagt. Der Besitz großer materieller Güter, aber mehr noch das Geldgewerbe, das

Kaufen und Verkaufen, ist dazu angetan, die Seele zu zerstören. Das haben nicht nur die meisten Religionsstifter und Heiligen so gesehen, sondern auch die Philosophen. Es gab Philosophen, die einfache Brillenschleifer oder Uhrmacher waren, aber es ist wohl kein Philosoph je Bankier, Großhändler oder auch nur Krämer gewesen.

Erstaunlich ist nun, dass das Christentum als ursprüngliche Religion der Armut und Bescheidenheit die westliche Zivilisation mit ihren ungeheuren kapitalistischen Entfaltungskräften mit hervorgebracht hat. Im Sinne Jesu war das gewiss nicht. Aber das Gleiche gilt für die Welt des Ostens mit seiner hinduistischen und buddhistischen Armutsreligion. Auch dort haben sich, wenngleich mit zeitlicher Verzögerung, die kapitalistischen Produktions- und Marktgesetze durchgesetzt. Es gibt also einen gravierenden Widerspruch zwischen dem, was in den heiligen Büchern zum materiellen Dasein geschrieben steht, und der Wirklichkeit, in der zum Teil auch die Kirchen leben.

Etwas Wichtiges haben wir in unserem bisherigen Gedankengang noch unerwähnt gelassen: dass die Religionen nicht pauschal alle Materie für nichtig erklären und dem Geistigen den absoluten Vorzug geben. Das wäre schon insofern töricht, als Gottes Schöpfung eine materielle Schöpfung ist, auch wenn diese nach rein geistigen (mathematischen) Prinzipien funktioniert. Die Natur *ist* Materie. Da alles in ihr vergänglich ist, sind die Religionen geneigt, die Dinge und Lebewesen für unbedeutend anzusehen, ja, das irdische Dasein schlechthin als zweitrangig gegenüber dem jenseitigen Leben zu werten. Es gibt eine gewisse Schöpfungsmissachtung in den Religionen, die vielleicht mit der Geringschätzung der Materie zu tun hat. Den Geist als das vermeintlich Unvergängliche über die Materie zu stellen ist schon deshalb fragwürdig, weil ja auch die Materie letztlich unvergänglich ist. Sie verwandelt sich nur, bleibt aber in ihren elementaren Bestandteilen erhalten. In diesem Universum geht nichts verloren. Oder anders: Wenn etwas verloren geht, dann ist es das Geistige. Was unsere Gehirne an Geist hervorbringen, verliert sich im Nichts. Doch die Materie, aus der unser Gehirn besteht, ist unvergänglich, zumindest auf der atomaren Ebene.

Die Religionen neigen dazu, den Geist gegen die Materie auszuspielen, den Geist über die Materie zu stellen. Doch das eine erschließt sich nur über das andere. Selbst Gott als das absolute Geistige erschließt sich dem Menschen einzig über seine Schöpfung, also die materielle Wirklichkeit des Universums. Im Mönchstum der verschiedenen Religionen hat diese Erkenntnis auch Früchte gezeitigt: Die Abkehr von der Welt ist nur eine Abkehr von der materiellen Welt menschlicher Zivilisation bei gleichzeitiger Hinwendung zur Natur. Die Einsiedler suchten die Einheit mit der Natur – und darin das Einssein mit Gott.

Wenn Gott gut ist, warum gibt es dann das Böse in der Welt?

Gott ist der Schöpfer der Welt. Die Welt ist so, wie Gott sie gemeint hat. Mit »Welt« ist das ganze Universum gemeint, nicht nur die Erde als planetarischer Wohnort des Menschen. »Und Gott sah, dass es gut war«, heißt es in der biblischen Schöpfungsgeschichte. So gut war die Welt dann aber doch nicht, wie die Bibel weiter berichtet. Der Mensch passte nicht in die von Gott geschaffene Welt, er benahm sich total daneben: und »die Erde füllte sich mit Gewalt«. Da entschloss sich Gott, diese Fehlkonstruktion Mensch wieder zu vernichten – bis auf Noah und seine Familie. Denn »groß war die Bosheit des Menschen auf Erden und alles Gebild der Gedanken seines Herzens bloß böse alle Zeit«. Gott bereute, »dass er den Menschen gemacht hatte auf Erden, und er betrübte sich in sein Herz«. Also schickte Gott eine große Flut, um alles menschliche Leben auszulöschen, überhaupt alles Leben. Wieso Gott auch die Tier- und Pflanzenwelt mit untergehen ließ, wissen wir nicht, aber gerecht finden wir das nicht. Zu fragen bleibt auch, aber nur nebenbei, ob auch die Wassertiere an der Sintflut zugrunde gingen?

Doch was zu erwarten war, trat ein: Aus den Abkömmlingen Noahs und seiner Frau entstand leider keine bessere Menschheit. Doch Gott lässt kein zweites Mal die ganze Erde in einer Flut versinken, er schickt nur einigen Städten, die es mit der Bosheit zu weit treiben, den Untergang. Woraus wir wohl die Lehre ziehen sollen, dass in den Städten das Laster zu Hause ist. Gott, so scheint es, arrangiert sich mit der Schlechtigkeit in der Welt. Wieso? Vielleicht, weil er erkennt, dass das Schlechte auch sein Gutes hat?

Als Erstes fragt man sich natürlich, wieso Gott den Menschen so geschaffen hat, dass das Böse in ihm ist? Wieso muss sich Gott über die Bosheit der Menschen ärgern, wenn er ihnen doch die Anlage zur Bosheit mitgegeben hat, und dies auch noch in Ebenbildlichkeit zu Gott? Heißt das, dass auch Gott das Böse in sich trägt? Aber so zu fragen heißt, die Schöpfung misszuverstehen. Denn die Schöpfung ist ja nicht als Ganze misslungen, nur weil auf einem winzigen Planeten ein Wesen lebt, das das Böse kennt. Immerhin kennt es ja auch das Gute. Denn das Böse erkenne ich ja nur, wenn ich eine Vorstellung vom Guten habe. Die Vorstellung von einer Welt, die nur das Gute kennt, ist sinnlos. Denn woran sollte das Gute dann noch zu erkennen sein?

Gott vernichtet die erste Menschheit, weil sie offenbar ganz und gar böse ist – Noah und die Seinen ausgenommen. Die neue Menschheit kennt weiterhin das Böse, aber eben auch das Gute, gleichsam als Noahs Erbschaft. Gut und Böse führen im Menschen fortan einen Kampf. Das war immer so und wird wohl für immer so bleiben. Die ganze Menschheitsgeschichte beruht auf diesem Kampf zwischen Gut und Böse; er ist gleichsam der Motor der Geschichte. Die ganze Schöpfung beruht auf Gegensätzen; nur so funktioniert sie überhaupt. Da sind die positiven und negativen Kräfte in der Physik, etwa die elektrischen Ladungen, die erst die stabilen Strukturen der Materie gewährleisten. Das feste Atom besteht aus einem positiven Kern und negativen Elektronen, die diesen umschwirren. Es gibt hell und dunkel, oben und unten, jung und alt, groß und klein und eben auch gut und böse. Eines bedingt das andere, weshalb auch keine Seite besser als die andere ist. Die positive Ladung in der Elektrizität ist nicht besser als die negative. Dem stimmen wir gerne zu. Aber ist das Positive im Menschen auch nicht besser als das Negative? Dem zuzustimmen fällt uns schwer.

Gerade auch die Religionen, die das Gute vertreten und uns Gott als guten, liebenden Gott nahezubringen versuchen, tun sich schwer mit dem Bösen in der Welt. Sie versuchen, Gott gleichsam vom Bösen abzukoppeln, indem sie es als Werk einer bösen halbgöttlichen Gegenmacht in Gestalt des Teufels oder Satans deuten. Doch auch Satan, so es ihn geben sollte, wäre ein Geschöpf Gottes. Er war von Gott als höchster aller Engel (Luzifer) gedacht – Inbegriff des Guten, Reinen und Schönen. Selbst das Gute, so lernen wir daraus, birgt in sich den Keim zum Bösen; aus Engeln können Teufel werden – und umgekehrt.

Die jüdische Mystik sieht das nicht anders: Auch das Böse, so teilt sie uns mit, ist gut; es ist die unterste Stufe des vollkommen Guten. Mit den Worten des Baal Schem Tov (ca. 1700–1760), der die Lehre vom Einssein Gottes mit seiner Schöpfung vertrat: »Die Einwohnende Herrlichkeit umfasst alle Welten, alle Kreatur, Gute und Böse. Und sie ist die wahre Einheit. Wie kann sie denn die

Gegensätze des Guten und des Bösen in sich tragen? Aber in Wahrheit ist da kein Gegensatz, denn das Böse ist der Thronsitz des Guten.« Der Sinn des Bösen besteht darin, dass der Mensch aus ihm das Gute mache.

Gott, so könnte man sagen, ist jenseits von Gut und Böse. Ihn als den guten Gott hinzustellen ist nur der Versuch, ihn auf die Ebene des Menschlichen herabzuziehen: Gott als guter Mann. Das Gleiche gilt für Gottes Schöpfung: Auch sie ist weder gut noch böse, sie ist einfach nur. Selbst in ihrer furchtbarsten Gewalt bleibt sie unschuldig. Erst das menschliche Denken sucht alles in Gut und Böse einzuteilen, weil der Mensch ja grundsätzlich meint, die Welt sei nur seinetwegen da. Also muss er alles für gut befinden, was ihm nützlich und angenehm ist, und alles für böse, was sich gegen seine Ziele richtet. Gott hat die Schöpfung nicht so gestaltet, dass sie uns unsere Glückseligkeit verbürgt. Wir sind nicht auf der Welt, um stets glücklich zu sein. Vielmehr ist die Schöpfung Ausdruck von Gottes absoluter Freiheit. Und diese Freiheit des Schöpfers bedeutet für den Menschen Glück und Unglück, Schönheit und Hässlichkeit, Leben und Tod gleichermaßen. »Ich habe euch Leben und Tod, Segen und Fluch vorgelegt, dass du das Leben erwählest ...«, liest man im 5. Buch Mose, Kapitel 30, Vers 19.

Die Begriffe »gut« und »böse« lassen sich allein auf den Menschen anwenden; es sind seine Begriffe, nicht die Gottes. Deshalb ist auch die menschliche Erwartung, es möge Gott in die Weltgeschichte eingreifen und dem Guten zum Sieg verhelfen, ein sinnloser Wunsch; er beruht auf einem Missverstehen des Allmächtigen. Allerdings ist es ein Faktum, dass Gott sich in der Bibel als ein eingreifender Gott zeigt. Aber könnte es nicht sein, dass die Erzähler der biblischen Geschichten historische Ereignisse als Eingriffe Gottes gedeutet haben, wo nur die Natur mit ihrer Zufallsmacht am Werk war? Wenn schon, dann ist alles kosmische Geschehen als Wille Gottes zu deuten – das menschliche Handeln ausgenommen, für das allein der Mensch verantwortlich ist. Von daher sollte niemand meinen, dass die vom Menschen verursachten Katastrophen Ausdruck des göttlichen Willens seien. Nein, für die Taten des Menschen trägt allein der Mensch die Verantwortung. Lassen wir Gott aus dem Spiel, das sich Menschheitsgeschichte nennt. Wenn Gott der Schöpfer der Welt ist, dann hat er mit seiner Erschaffung seine göttliche Schuldigkeit getan. Sein Universum ist so unvorstellbar groß, dass es geradezu albern erscheint zu glauben, er müsse sich um alltägliche Belange auf dem »Staubkorn« Erde kümmern. Gott ist kein Welt-Dienstleister oder Weltgeschichts-Manager. Wollten wir Gott als solchen sehen, so müssten wir ihn als Erstes fragen, wieso er uns überhaupt mit der Katastrophe der Sterblichkeit geschlagen hat und all dem Unglück der biologischen Existenz: Krankheit, Gebrechen, Alter. Warum leben wir nicht alle in reinem Glück und auf ewig? Nun, weil das der göttlichen Schöpfung widersprechen würde. Diese funktioniert nur, wie schon gesagt, auf der Grundlage von Gegensätzen. Und so ist das Leben nur um den Preis des Todes zu haben, die Jugend nur um den Preis des Alters, das Glück nur um den Preis des Unglücks. Das verweist im Übrigen auf den Kosmos als Ganzen: Auch er hatte einen Anfang und wird ein Ende haben. Irgendwann in ferner Zukunft wird unsere schöne Erde von der Sonne verzehrt werden. Die ganze Schöpfung unterliegt dem Prinzip von Werden und Vergehen. Allein der Schöpfer ist unvergänglich – wie auch die Energie, die im Universum vorhanden ist.

Wenn die Natur (als Gottes Schöpfung) den Menschen mit Katastrophen heimsucht, so neigt dieser dazu, an Gott zu zweifeln oder gar an ihm zu verzweifeln – weil er in ihm den guten und gütigen Gott sehen will, den die Theologen sich ausgedacht haben. Die Katastrophen der Natur werden dem Gott als Grausamkeit angekreidet. Doch in den Naturkatastrophen wirken auch nur die Naturgesetze – und die sind nun mal so, wie sie sind. Es geht bei allem, was geschieht, um nichts anderes als Energieaustausch und Energieumwandlung. Gottes ganze Schöpfung – auch der Mensch – beruht auf dem Austausch und der Umwandlung verschiedener Energieformen. Wärmeenergie kann sich in Bewegungsenergie umwandeln, also etwa die Wärme der Luft in den Orkan eines Unwetters, in welchem dann Menschen zu Tode kommen, aber auch Tiere und Pflanzen. Der Mensch hat allerdings die starke Neigung, sich außerhalb der Natur zu sehen: hier der Mensch, dort die Natur. Die Natur wird nur als Kulisse betrachtet, vor der die Menschheit ihr großes Welttheater aufführt. Das führt dazu, dass der Mensch zum Beispiel ein Erdbeben als etwas Böses deutet, was sich gegen ihn richtet. Aber Erdbeben gab es schon lange, bevor es den Menschen gab, ebenso Stürme, Überschwemmungen, Vulkanausbrüche. Nur so kann die Erde der schöne Planet sein, der er ist – und der er erst recht ohne den Menschen wäre. Dass bei Naturereignissen Menschen umkommen, ist aus Sicht der Natur vollkommen unerheblich − man könnte auch sagen: aus der Sicht Gottes.

Die Natur − und damit Gott − fragt nicht, ob die in einer Naturkatastrophe umgekommenen Menschen gute oder schlechte Menschen waren. Deshalb ist auch die Frage sinnlos, wieso oft genug auch gute Menschen ein leidvolles Schicksal erdulden müssen, während schlechte Menschen durchaus Glück im Leben haben können. Auch diese Frage wird oft an Gott gerichtet, und zwar als Vorwurf. Insgeheim werfen wir Gott vielleicht sogar vor, nicht anders vergehen zu müssen als ein Insekt oder ein Pflänzlein auf der Wiese. Und richtig zornig werden wir, wenn der Tod vor der Zeit sein Recht einfordert, etwa wenn ein Kind an einer Krankheit oder bei einem Unfall stirbt. Wir sprechen dann von einem schweren Schicksalsschlag, meinen aber Gottesschlag. Wir fragen nach dem Sinn solcher Schläge und nach dem Sinn einer Gottheit, die so grausam, soll heißen: böse mit uns verfährt. Wo wir doch an ihn als guten Gott glauben, vielleicht sogar zu ihm beten.

Gott, so erzählt der biblische Mythos, ließ den Menschen das Paradies schmecken, also ein Dasein, in welchem alles schön und gut war: kein Leid, kein Tod. Doch der Mensch hielt dieses Paradies nicht aus; er vertrieb sich selbst daraus. Das Paradies ging ihm mit der Zeit auf die Nerven. Diese Allmacht des Glücks war nicht auszuhalten − das reinste Glücksgefängnis. Dann doch lieber in Freiheit leiden und versuchen, der Schwere des Daseins hin und wieder Momente des Glücks und der Schönheit abzuringen.

111

Im Paradies, so erzählt der Mythos, musste der Mensch auch nicht an Gott glauben, denn Gott war ja da. Abends pflegte er im kühlen Garten Eden spazieren zu gehen. Indem der Mensch in die Welt geworfen wurde und fortan seinen Gesetzen ausgeliefert war, war Gott für ihn ein Abwesender und Schweigender. Um ihn muss gerungen werden, gerade auch angesichts der Erfahrung, dass in der Welt das Gute mit dem Bösen im ewigen Kampf liegt. Wäre die Welt nur gut, also paradiesisch, bräuchten wir keinen Glauben. Denn eine wichtige Antriebskraft des religiösen Glaubens ist die Idee von einer besseren Welt. Alle Religionen wollen die Menschen zu besseren Menschen machen: Seid gut! Liebt euch selbst und liebt einander! »Wenn du Gott liebst, dann hasse das Böse«, heißt es schon bei König David im 97. Psalm. Nun sind die meisten von uns ganz gewöhnliche Durchschnittsmenschen mit guten und weniger guten Eigenschaften und Neigungen. Aber wir »Mittelmäßigen« – und das gereicht uns zur Ehre! – bilden die wichtigste Schicht der Menschheit, eben weil wir in der großen Mehrzahl sind. Durch unsere Entscheidung für gutes und richtiges Handeln können wir das Schicksal der Welt zum Guten wenden – freilich auch zum Schlechten, wenn wir uns für das Schlechte und Falsche entscheiden oder einfach nur zusehen, wenn um uns her Böses geschieht.

Nehmen wir Auschwitz, dieses furchtbarste und unvergleichliche Menschheitsverbrechen. Kann man nach Auschwitz, so wurde gefragt, noch an Gott glauben? Es wurde sowohl mit Ja als auch mit Nein geantwortet, und zwar von jenen, die Auschwitz überlebt hatten. Was die

Ermordeten dazu sagen, wissen wir nicht. Aber war die Frage nicht falsch gestellt? Hätte man nicht fragen müssen: Kann man nach Auschwitz noch an den Menschen glauben? Denn dieses Verbrechen wurde nicht von Gott begangen, sondern von Menschen. Gott hat Auschwitz nicht verhindert. Das stimmt. Und wieso nicht? Weil die Menschen es hätten verhindern müssen! Würde Gott stets alle Bosheit des Menschen durch sein Eingreifen verhindern, so hätte der Mensch niemals die Chance, das Gute gegen die Bosheit zu setzen. Und es wäre der Mensch kein selbstverantwortliches Wesen mehr.

Auschwitz betrifft nicht Gott. Aber vieles spricht dafür, dass mit Auschwitz die christlich-europäische Kultur ihren Bankrott erklärt hat. Auschwitz war möglich, weil in einer totalitären Massengesellschaft die religiösen Werte und moralischen Maßstäbe nicht mehr gegolten haben. Und weil die Christen ihren Glauben nicht ernst genommen und dadurch Gott verraten haben. Auschwitz war nicht der Beweis, dass es Gott nicht gibt, sondern der Beweis, dass er den Menschen als ganz und gar verantwortliches Wesen geschaffen hat. Diese Wahrheit hat Gott durch seine Abwesenheit offenbart. »Gott erschuf die Welt, der Mensch erschuf Auschwitz«, schrieb der Schriftsteller und Nobelpreisträger Imre Kertész (* 1929). Gott erschuf die Welt, der Mensch erschuf das Böse in ihr. Aber auch das Gute.

Ist alles, was in der Bibel steht, wahr?

Die Frage nach der Wahrheit ist in den Religionen, wie auch in den Wissenschaften, von zentraler Bedeutung. Jede Religion versteht sich als wahre Religion, und auch die Wissenschaften sind nur als wahre Wissenschaften denkbar, was nicht heißt, dass in ihnen nicht zeitweise auch Falsches für richtig gehalten wird. Und von den Religionen weiß man, dass jede dazu neigt, bei sich die Wahrheit und bei den anderen die Unwahrheit zu sehen.

Ob eine naturwissenschaftliche Erkenntnis wahr ist, entscheidet sich letztlich im Experiment. Dagegen lässt sich religiöse Wahrheit experimentell nicht nachweisen. Vor allem Gott, um den es ja in erster Linie geht, ist nicht beweisbar. Dennoch ist gerade Gott für den Gläubigen das Allergewisseste, die Wahrheit schlechthin. Und genau hier liegt das Problem mit der Wahrheit. Es gibt zwei unterschiedliche Arten von Wahrheit: die Wahrheit des religiösen Glaubens und die »Wahrheit der fünf Sinne«, wie Goethe sie genannt hat. »Die Wahrheit haben« bedeutet im Christentum, den sicheren und festen Glauben an Christus besitzen. Das mit den beiden goetheschen Wahrheiten ist deshalb so irritierend, weil Glaube und Wahrheit nach dem allgemeinen Sprachgebrauch Gegensätze sind. Als »wahr« betrachten wir das, was wir zu wissen glauben, im Gegensatz zu dem, wovon wir wissen, dass wir es »nur«

glauben. Aber schon die Formulierung »zu wissen glauben« sagt, dass sich auch das Gewusste gern mit Geglaubtem vermengt. In den Religionen ist der Glaube die höchste Form der Wahrheit. So sagte Jesus von sich selbst, er sei die Wahrheit. Und dennoch muss man an Jesus glauben, auch wenn man weiß, dass er die Wahrheit ist. Ziemlich kompliziert das alles!

In den Offenbarungsreligionen, also jenen Religionen, die sich auf heilige Bücher berufen, ist die »Glaubenswahrheit« schriftlich fixiert. Diese, so wird behauptet, stamme direkt von Gott, ja, sie sei mit Gott identisch. In den Autoren dieser heiligen Bücher, sei es ein Moses, ein alttestamentarischer Prophet, ein Evangelist des Neuen Testaments oder ein Mohammed, spreche der göttliche Geist, der sich dieser Menschen als Sprachrohr bediene. In ihnen habe sich Gott in Sprache geoffenbart. Gott *ist* Sprache. »Im Anfang war das Wort, und das Wort war bei Gott, und Gott war das Wort.« So beginnt das Johannes-Evangelium. Doch die göttliche Sprache wird nicht jedem zuteil. Gott spricht nicht mit jedem. Gott zeichnet sich vielmehr dem gewöhnlichen Gläubigen gegenüber durch sein Schweigen aus. Wer heute auf die Straße treten und behaupten würde, er habe die Stimme Gottes vernommen, sollte nicht davon ausgehen, dass er ernst genommen wird. Gewiss, Propheten hatten es zu allen Zeiten schwer, aber das gilt ganz besonders für die modernen Zeiten. Nicht umsonst hat es seit Mohammed, also seit bald eineinhalbtausend Jahren, keinen ernsthaften Propheten mehr gegeben, vor allem keinen, der eine neue Weltreligion zu begründen vermochte.

Aber wer sagt uns eigentlich, dass in Menschen wie Moses, Buddha, Mohammed, Ramakrischna oder sonst einem Heiligen wirklich Gott oder das Göttliche gesprochen hat? Vielleicht meinten sie das nur. Vielleicht hörten sie nur eine Stimme, die aus ihnen selbst sprach. Das mit den Offenbarungen ist eine verzwickte Sache. Gott sprach vor Tausenden von Jahren zu den Indern, und daraus wurden die großen, im Veda zusammengefassten heiligen Bücher der Hindus. Gott sprach in Sanskrit, der uralten indischen Kultsprache. Und dann sprach Gott zu Moses und dem Volk der Israeliten; zu ihnen sprach er Hebräisch. Und zu Mohammed sprach Gott Arabisch. Doch letztlich waren das alles nur Übersetzungen einer göttlichen Sprache, die jenseits aller menschlichen Sprachen liegt. Denn Gott ist weder Inder, Jude oder Araber, weshalb man auch nicht sagen kann, dass Sanskrit, Hebräisch oder Arabisch die Sprache Gottes ist. Gott, so scheint es, spricht immer die Sprache des Menschen, dem er sich offenbart. Dennoch – ein Gedanke drängt sich bei alldem auf: Könnte es nicht sein, dass der Mensch nur eigene religiöse Gedanken einem erfundenen Gott in den Mund gelegt hat? Vielleicht hat Gott nie wirklich zu den Menschen gesprochen, sondern sie maßten sich das nur an. Diese Unsicherheit haben die Religionen selbst immer gespürt. So bemühten sich seit etwa 2000 Jahren Juden und Christen um einen wahren Text von Gottes Wort. Denn das Problem mit göttlichen Texten beginnt von dem Moment an, da sie von Menschenhand – und nicht von Gotteshand – niedergeschrieben werden. Wird Gottes Wort richtig niedergeschrieben oder fließen da Sätze ein, die Gott so gar nicht gesagt hat? Hinzu kommt das Problem der Übersetzung. Wird richtig übersetzt, wird im Übersetzen etwas weggelassen oder hinzugefügt?

Für den Katholizismus zum Beispiel spitzte sich dieses Problem zum ersten Mal zu, als die hebräischen und griechischen Urtexte der Bibel ins Lateinische, also in die katholische Kirchensprache, übersetzt werden sollten. Gott selbst ließ sich nicht dazu herab, sich in lateinischer Sprache zu offenbaren. Also wurde im Jahre 1546 das Konzil von Trient einberufen. Auf diesem wurde die lateinische Übersetzung (Vulgata) des heiligen Hieronymus (um 347–419) zur allein gültigen Form der Heiligen Schrift erklärt. Aber war sie das wirklich? War das nicht eine reine Willkürentscheidung? Denn in der Tat wurde die letztgültige Form der »Vulgata« erst einige Jahrzehnte nach dieser Erklärung hergestellt. Man erklärte also auf dem Konzil etwas für einzig richtig, was man noch gar nicht kannte. Dabei war zu Beginn des Konzils der vernünftige Antrag eingebracht worden, zuerst einmal die hebräischen und griechischen Urtexte auf ihre Echtheit zu prüfen. Doch dieser Antrag ging nicht durch, was nichts anderes heißt, als dass sich Vernunft und Wahrheitsliebe nicht durchsetzen konnten. Dafür gestand man sich einfach ein, keine verbürgten Originaltexte zu besitzen. Damit erklärte die katholische Kirche eine lateinische Übersetzung für authentisch, der keine authentischen Originaltexte zugrunde lagen. Die Kirche konnte das tun, weil der Papst es so wollte und dieser nach katholischem Verständnis in allen seinen Entscheidungen unfehlbar ist. Zudem wurde behauptet – ohne es zu beweisen –, dass die Übersetzung des Hieronymus eine vom Heiligen Geist eingegebene Übersetzung sei, also von vornherein richtig sein müsse.

Dennoch weiß die Kirche, dass die Bibelworte keineswegs die verbürgten Worte Gottes sind; sie sind nur das »offizielle« Wort Gottes, an das man sich zu halten hat. Die Wirklichkeit sah im Laufe der Jahrhunderte so aus, dass es niemals den einen zuverlässigen Bibeltext gegeben hat, sondern unzählige Varianten je nach Gegend. Es gab immer wieder christliche Sekten, die ihre eigenen Übersetzungen der biblischen Urtexte anfertigten. Diese wurden von der katholischen Kirche stets verboten, wie sie überhaupt sehr daran interessiert war, dass das Wort Gottes das gemeine Kirchenvolk erst gar nicht erreichte. Das Volk verstand kein Latein. Die Kirche vereitelte alle Versuche, die lateinische Bibel in die Volkssprache zu übersetzen. Damit hatte sie allerdings selbst die Bedingung geschaffen, die Luthers Reformation so erfolgreich machte: Er brachte die Bibel mit seiner Übersetzung ins Deutsche endlich unters Volk, das sehnsüchtig danach verlangte, sich das Wort Gottes selbst anzueignen und nicht mehr nur über die predigende Vermittlung durch die Priester. Das lateinische Wort Gottes war dem gläubigen Volk bis dahin wie uralte, unverständlich gewordene Zaubersprüche dargeboten worden. Luther und der Protestantismus rückten die Frage, ob wir in der Heiligen Schrift einen wirklichen »Brief Gottes an die Menschen« vor uns haben, in den Vordergrund. Diese Frage hatte die katholische Kirche in Jahrhunderten abgewürgt und einfach durch die Macht des päpstlichen Worts bestimmt, dass es so sei.

Heutzutage ist diese Frage nicht mehr so wichtig. Wir

neigen stark zu der Meinung, dass das Wort Gottes eher Menschenwort ist, freilich eines, das von Menschen geschaffen wurde, die sich selbst als von Gott Berührte fühlten. Die Frage nach der Echtheit der Bibel oder heiliger Schriften anderer Religionen ist bedeutungslos geworden. Von Bedeutung ist einzig, was in diesen Schriften steht und ob es uns zu ergreifen vermag. Sie werden nur *in* uns zu Gottes Wort.

Um noch einmal zum Problem der Offenbarung zurückzukommen: Im Prinzip kann jeder Mensch von sich behaupten, mit Gott gesprochen zu haben. Eine Religion, erst recht eine Weltreligion, wird aus solch einer Mitteilung erst, wenn viele Menschen ihr Glauben schenken. Dazu bedarf es besonderer Fähigkeiten. Das Offenbarte muss in mitreißende Rede übersetzt werden. Eine »Gottesoffenbarung«, die unter den Menschen nicht wirkt, ist keine. Der Widerhall in den Menschen beweist erst die Echtheit einer Offenbarung. Hier stellt sich allerdings die Frage, wie groß der Widerhall sein muss, damit eine Offenbarung als echte gewertet werden kann. Gilt das nur für die großen Weltreligionen, oder dürfen auch die zahllosen kleinen Religionen diesen Anspruch erheben? Wie steht es mit Religionen, die einmal groß waren, dann aber untergegangen sind? Auf diese Fragen Antworten zu geben ist schwierig. Es gibt keine übergeordnete Instanz, die entscheidet, welche Religion auf einer echten Gottesoffenbarung beruht. Das Untergegangene muss nicht automatisch das Falsche gewesen sein.

Wenden wir uns noch einmal der Bibel zu. In ihren ersten fünf Büchern ist die Gottesoffenbarung des Moses niedergelegt. Sie sind als Tora das heilige Fundament des Judentums. Hinzu kommen noch weitere »Geschichtsbücher«, die die frühe Geschichte Israels erzählen. Die übrigen Bücher sind Gottesoffenbarungen, die anderen weisen Männern – keinen Frauen! – zuteil wurden, den sogenannten Propheten. Das erste Buch Mose (Genesis) beginnt mit der Erschaffung der Welt durch Gott; es hat dadurch ebenfalls den Charakter eines Geschichtsbuchs. Es wird der Anfang der Welt erzählt, dann der Anfang der Menschheitsgeschichte, schließlich die frühe Geschichte des jüdischen Volks. Die Bibel ist also ein Geschichtsbuch. Aber ist es auch Geschichtswissenschaft? Ist das, was dort zu lesen ist, als historische Wahrheit zu verstehen? Was das Buch »Genesis« betrifft, wohl kaum. Denn heute wissen wir, dass die Welt – und mit »Welt« ist das Universum gemeint – anders entstanden ist, als es uns die Bibel erzählt. Mit Sicherheit ist die Welt nicht in sechs Tagen entstanden. Dennoch brauchen wir die biblische Schöpfungsgeschichte nicht zu verwerfen, nur weil in der Wissenschaft von Milliarden von Jahren die Rede ist. Umso erstaunlicher ist, dass die Bibel in der Reihenfolge der Weltentstehung mit der Wissenschaft übereinstimmt: Erst schuf Gott die anorganische Welt, dann die Pflanzen, dann die Tiere, erst die einfachen Arten, dann die komplexeren, schließlich den Menschen als bisherige höchste Form des Lebens. Das betrifft freilich nur den Planeten Erde. Was möglicherweise in den unendlichen Tiefen des Kosmos noch an Lebensformen vorhanden ist, wissen wir nicht.

Das heißt: Die Wahrheit der Bibel ist eine andere als die der Wissenschaft, aber beide Wahrheiten passen bestens zusammen. Auch im Licht der Aufklärung verliert die Bibel nichts von ihrer tiefen Wahrheit. Doch die Wahrheit der Bibel – und der Evangelien – muss immer wieder neu errungen werden. Wer die Worte der heiligen Bücher nur nachbetet und wortwörtlich nimmt, zerstört ihren tieferen Sinn. Sie rufen zur Mitarbeit an der religiösen Wahrheit auf. Um nichts anderes geht es.

In der Bibel spricht die Wahrheit des Mythos zu uns. Die Bibel erzählt nicht Weltgeschichte, sondern Weltgeschichten. So liegt die Wahrheit der Bibel nicht im einzelnen Wort, sondern in den Bildern, die sie schafft: »Im Anfang schuf Gott den Himmel und die Erde. Und die Erde war Wirrnis und Wüste. Finsternis allüber Abgrund. Braus Gottes brütend allüber den Wassern.« (So in der Übersetzung von Martin Buber und Franz Rosenzweig.) Die Wahrheit des Mythos liegt eben auch in seiner Poesie. Es ist heilige Poesie. Sie kann für den, der sich in sie vertieft, heilsam sein.

Doch die poetischen Bilder wollen gedeutet sein. Mythen sind immer Ausdruck der Zeit, in der sie geschaffen wurden. Mythen sind Erklärungsversuche für ungelöste Menschheitsfragen: Woher kommt die Welt? Woher kommt der Mensch? Warum gibt es Mann und Frau? Warum gibt es Krieg und anderes Unglück? Wohin geht die Welt? Darauf wurden in den heiligen Büchern Antworten gesucht, und diese spiegeln den Wissensstand längst vergangener Zeiten wider. Aber wer weiß, ob nicht viele unserer modernen wissenschaftlichen Erkenntnisse in einer fernen Zukunft nicht auch als Mythen angesehen werden?

Dass die Bibel dreitausend Jahre einer katastrophenreichen Menschheitsgeschichte überdauert hat, beweist ihren hohen Wahrheitsgehalt. Dieses Buch ist zeitlos, so wie andere Bücher auch, etwa die Upanischaden und die Bhagavadgita der Inder, die noch viel älter sind als die Bibel. Und so liegt die Glaubenswahrheit der Welt in vielen unsterblichen Büchern vor, die auf unzählige Weise gedeutet worden sind. Aber vielleicht liegt genau darin der tiefste Sinn der religiösen Wahrheit: dass sie für jeden eine ganz und gar individuelle Wahrheit ist. Wenn man so will, dann spricht Gott zu jedem Menschen auf einmalige Weise. Bei der wissenschaftlichen Wahrheit verhält es sich anders; sie muss für jeden die gleiche sein.

Warum gibt es in jeder Religion so viele Richtungen?

Alles, was es im Universum gibt, unterliegt der Veränderung. Das gilt auch für die Religionen; sie sind entstanden und sie gehen unter, die einen früher, die anderen später. Die Religionen verändern sich, weil sich die Welt verändert. Allein Gott bleibt der, der er seit Ewigkeit war.

Der Mensch ist zwar nicht der Schöpfer Gottes, aber er ist der Schöpfer der Religion. Auch wenn der Ursprung der Religion im Dunkeln liegt, kann man gewiss davon ausgehen, dass Homo sapiens religiös war, seit es ihn gab. Religion ist also mindestens 100 000 Jahre alt. Wie die Anfänge der Religion ausgesehen haben, wissen wir nicht; es gibt darüber keine Zeugnisse. Solche haben wir erst seit etwa 50 000 Jahren: Malereien in Höhlen, Grabbeigaben, Gegenstände aller Art, die als kultisch zu deuten sind. Doch je nach Weltgegend sind große Unterschiede zwischen den Religionen festzustellen. Das ist einfach zu erklären: Religion in ihrer Frühform war Naturreligion. Die Mächte der Natur wurden als rätselhaft erfahren. Indem man sie als Gottheiten oder deren Zeichen verehrte und fürchtete, wurden sie fassbar. Man konnte mit diesen Mächten umgehen und hoffen, sie durch magische Rituale zu beeinflussen. Kurzum, was der Mensch nicht verstand, vergöttlichte er. Daran hat sich bis heute nichts Grundlegendes geändert. So lässt sich das Unbegreifliche in die Welt einordnen.

Doch die Natur war auch vor 50 000 Jahren nicht überall die gleiche. Einen Vulkangott wird es nur dort gegeben haben, wo Vulkane tätig waren, ein Meergott wird jenen Völkern fremd gewesen sein, die nicht am Meer lebten. Doch jene Naturerscheinungen, die überall auf der Erde als mächtig erlebt wurden, etwa die Sonne, die Stürme, die Blitze, wurden in allen frühen Kulturen mit Gottheiten in Verbindung gebracht: strahlende Sonnengötter, Blitze schleudernde und donnernde Wolkengötter, die auf Berggipfeln thronten, Erdgöttinnen, die für die Fruchtbarkeit verantwortlich waren.

Mit der Herausbildung höherer Kulturen treten auch die Unterschiede im Religiösen immer deutlicher hervor. Doch die Unterschiede sind vor allem solche der äußeren Form. Selbst in jenen Hochkulturen, in denen viele Gottheiten verehrt wurden, spürte der Mensch hinter all den Göttergestalten eine einzige allmächtige Wirkkraft, der er sich geistig noch nicht zu nähern vermochte. Diese Annäherung an den einen unfassbaren Gott oder Weltgeist zeichnet all jene Religionen aus, die sich als Weltreligionen bis in unsere Zeit erhalten haben. Ob Hinduismus, Buddhismus, Taoismus, Judentum, Christentum, Islam – alle diese Religionen vereint die Vorstellung einer allmächtigen, zeitlosen Macht, die Gott oder Brahman oder Tao oder sonst wie genannt wird.

Die Welt ist zu groß und zu vielfältig, der Menschen sind zu viele – und diese sind auch noch sehr unterschiedlich –, als dass es nur eine Form des Glaubens an den einen

Gott geben könnte. Schließlich gibt es ja auch nicht nur eine Richtung der Philosophie, der Malerei, der Literatur oder der Musik. Es spricht nur für die Religion – nicht gegen sie –, dass sie sich in unübersehbarer Vielfalt ausgestaltet hat, wobei dieser Prozess noch immer nicht abgeschlossen ist.

Die Weltreligionen unterscheiden sich nicht nur sehr stark voneinander, sondern es gibt auch innerhalb der einzelnen Religionen einen regelrechten Wildwuchs der Formen. Doch auch das muss nicht verwundern. Denn der Mensch ist nun mal ein Wesen, das gedanklich nicht stillsteht – auch nicht in seinem Verhältnis zu Gott. Hinzu kommt, dass die ursprünglichen Lehren der Religionen nicht in der Art von Wissenschaften präzise formuliert worden sind. Die Sprache der religiösen Bücher ist eher legendenhaft und verschlüsselt poetisch. Die Religionen begründen sich auf Literatur, und diese ist, wie jede Literatur, deutbar. Ja, die religiösen Werke verlangen geradezu nach Deutung. Religion *ist* Deutung religiöser Offenbarung. Meist ist es ohnehin so, dass die Religionsstifter gar nicht die Autoren der religiösen Texte sind. So haben weder Buddha noch Jesus eigene Schriften hinterlassen. Was Jesus wirklich gesagt hat, wissen wir nicht. Wir wissen nur, was die Evangelisten Matthäus, Markus, Lukas und Johannes sagen, was Jesus gesagt hat. Bei Moses, dem Stifter des Judentums, ist es ebenfalls unklar, ob er der Autor der fünf Bücher Mose (Tora) ist. Als historische Figur ist Moses ohnehin nicht fassbar. Religionen sind, eben weil sie sich auf Literatur begründen, offene Geistessysteme – in dem Maße, wie Sprache ein offenes System ist.

In der Menschheitsgeschichte traten nun immer wieder herausragende Persönlichkeiten auf, die zu besonderen Deutungen der vorhandenen Offenbarungsschriften in der Lage waren – und diese Deutungen nun ihrerseits wieder schriftlich niederlegten. Sobald sich Anhänger dieser neuen Deutungen fanden, verzweigte sich die Religion, ähnlich einem aufwachsenden Baum. Es bildeten sich Glaubensschulen heraus – ähnlich wie die Philosophenschulen –, die zum Teil in Gegensatz, ja manchmal sogar in Feindschaft zueinander gerieten. Das passierte aber immer nur dann, wenn die Schulen von sich behaupteten, die einzig wahren Deuter der ursprünglichen Schriften zu sein. Die Religionen Asiens, vor allem Hinduismus und Buddhismus, hatten damit weit weniger Probleme als die monotheistischen Religionen des Westens. Das Wesen der östlichen Religionen ist auf Wandel und Vielfalt angelegt. Zugespitzt könnte man sagen, dass es im Hinduismus so viele Richtungen wie Gläubige gibt. Jeder kann sich aus dem unermesslichen Glaubensschatz dieser ältesten Weltreligion seine eigene Variante zusammenstellen – und niemand wird sich daran stoßen. In Asien herrscht bis heute eine große Duldsamkeit innerhalb der Religionen und zwischen ihnen.

Obwohl der Hinduismus stets auf Indien beschränkt blieb, hat er dort eine Fülle von lokalen Spielarten hervorgebracht. Im Gegensatz dazu hat der Buddhismus, der in Indien auf Dauer nicht Fuß fassen konnte, seine vielfältigen Formen durch Ausbreitung in ganz Asien erlangt. Seine Mission war deshalb so erfolgreich, weil die missionierenden Mönche bereitwillig alles aufnahmen, was sie in den fremden Ländern an Religion vorfanden. So hat der Buddhismus in jedem Volk, das mit ihm in Berührung kam, eine andere Form gefunden. Die offene, sehr philosophische Lehre Buddhas macht diese Religion gerade auch in unserer Zeit für viele Menschen des christlich geprägten Westens interessant.

Bei den monotheistischen Religionen des Westens (Judentum, Christentum, Islam) sollte man eigentlich erwarten, dass sie in sich geschlossenere Glaubenssysteme zeigen als die offenen Religionen des Ostens. Denn der eine Gott verlangt ja geradezu nach der einen Glaubensform. Aber so ist es nicht. Auch an den einen Gott kann auf ganz unterschiedliche Weise geglaubt werden. Das Judentum zeigt von den drei Religionen noch die größte innere Geschlossenheit. Das hat vermutlich damit zu tun, dass die ganze Glaubenswahrheit des Judentums in der Tora (fünf Bücher Mose) niedergelegt ist. Einer komplizierten Theologie bedarf es nicht. Dennoch gibt es auch im Judentum drei verschiedene Richtungen, je nachdem, wie die Tora ausgelegt wird: streng orthodox, also wortwörtlich, oder liberal, das heißt angepasst an das moderne Leben, und eine konservative Richtung versucht zwischen diesen beiden Polen eine vermittelnde Stellung einzunehmen.

Auch im Islam ist es trotz aller betonten Einheitlichkeit immer wieder zu Spaltungen durch unterschiedliche Auslegungen des Korans gekommen. Allerdings hält sich die Sektenbildung im Islam in Grenzen. Interessant dabei ist, dass die wenigen islamischen Sekten ihre Existenz nicht so sehr religiösen Meinungsverschiedenheiten verdanken, sondern staatsrechtlichen Fragen. Daran sieht man die enge

Verbindung von Islam und weltlicher Macht seit Anbeginn dieser Religion. Die frühe Spaltung des Islam in die Sunniten und Schiiten entzündete sich an der Frage, wer der rechtmäßige Kalif, also Nachfolger des Propheten Mohammed, sei. Hinzu kam, dass die Schiiten, die vor allem in Persien Fuß fassten, vormuslimische Vorstellungen des persischen Heidentums in ihr Glaubenssystem aufnahmen, die die Sunniten als Verfälschungen der reinen Lehre bekämpften. Tatsächlich geht die Glaubensspaltung im Islam so tief, dass sich Sunniten und Schiiten gegenseitig als »Kafirs« verteufeln, als vom Glauben Abgefallene. Deshalb haben heute zum Beispiel im Irak sunnitische Terroristen kein Problem damit, bei ihren Anschlägen schiitische Glaubensbrüder zu töten. Dabei besagt der Koran, dass jeder Mensch ein Muslim ist, der bezeugt: »Es gibt keinen Gott außer Allah, und Mohammed ist sein Prophet.« Sunniten und Schiiten bezeugen das gleichermaßen.

Aber auch die Schiiten selbst stellen wiederum keine einheitliche Richtung im Islam dar, sondern gliedern sich in verschiedene Untergruppen auf. Einige von ihnen haben sich vom Ur-Islam Mohammeds so weit entfernt, dass man sie fast schon als neue selbstständige Glaubensbewegungen betrachten kann. Das gilt vor allem für die »Ismailiten«, die sich auf den 7. Imam (Ismail) berufen, der um 762 n. Chr. starb. (»Imam« ist für die Schiiten das, was für die Sunniten der »Kalif« war, den es seit dem Untergang des Türkisch-Osmanischen Reichs im Ersten Weltkrieg nicht mehr gibt.) Doch auch die Ismailiten zerfielen wieder in eine Anzahl von Sekten, die aber heute bis auf Reste nicht mehr bestehen.

Als eine bis heute bedeutende islamische Sekte muss noch jene der Wahhabiten genannt werden: eine Reformbewegung, die nach ihrem Begründer, dem aus Innerarabien stammenden Theologen Mohammed Ibn Abdal-Wahhab (1703–1792) benannt ist. »Reformbewegung« ist aber in diesem Fall eine irreführende Bezeichnung, denn die Anhänger dieser Sekte traten mit dem Ziel an, den Islam in seiner ursprünglichen Form wiederherzustellen und alle nachkoranischen Neuerungen aufzuheben, besonders durch strikte Befolgung der altarabischen Strafgesetze. Jede Heiligenverehrung wird abgelehnt, ebenso die übertriebene Verehrung Mohammeds. Heute sind die Lehren der Wahhabiten vor allem im Königreich Saudi-Arabien gültig und wirken von dort in die islamische Welt hinein – als starres Glaubenssystem, das einer rasch sich verändernden Welt als religiöses Bollwerk entgegengestellt wird.

Zahlreiche kleine Religionen sind vom Islam stark beeinflusst, ohne aber zu ihm gerechnet zu werden, wie zum Beispiel die Drusen, die aus dem schiitischen Islam der Ismailiten hervorgingen. Sie leben heute mit etwa 100 000 Anhängern im südlichen Libanon, in Südsyrien und Nordisrael.

Die Sektenvielfalt unter den monotheistischen Religionen ist aber nirgends so groß wie im Christentum. Das mag vielleicht daran liegen, dass die westliche Kultur gern alles in Zweifel zieht und jede Behauptung, gerade auch im Religiösen, hinterfragen will. Doch die christliche Religion lädt von sich aus zum Zweifeln ein, allein schon wegen ihrer kühnen Glaubenslehre. Keine der großen

Religionen hat es gewagt, ihren Stifter als einen Sohn Gottes anzusehen. Diese vom Apostel Paulus (gestorben 60 n. Chr.) entwickelte Lehre brachte auch schon sehr früh eine Zergliederung des Christentums mit sich: in jene, die in Jesus Gottes Sohn sahen, und in jene, die diese Sicht als heidnische Verirrung ablehnten. Denn in der griechischen Götterwelt war es oft so, dass Götter sich mit Irdischen paarten und Nachkommen (Halbgötter) zeugten. Paulus führte das junge Christentum, das noch stark jüdisch geprägt war, an die bereits untergegangene Kultur des Griechentums (Hellenismus) heran. Er spaltete den einen, unteilbaren Gott der Juden in zwei Personen auf (Vater und Sohn) und fügte diesen noch den Heiligen Geist als dritte Person hinzu. Durch Paulus wurde das Griechentum im jungen Christentum so stark, dass es sich von seinem jüdischen Erbe ablösen konnte. Diese religiösen Konstruktionen des Paulus mussten allein schon wegen ihrer schweren Verständlichkeit in jahrhundertelangen Kämpfen gegen andere Strömungen im Christentum durchgesetzt werden. So verbreitete zum Beispiel der alexandrinische Priester Arius (ca. 260–336) eine Lehre, nach der Christus nicht gottgleich und ewig, sondern nur vornehmstes Geschöpf Gottes sei. Als »Logos« nehme Christus eine Vermittlerstellung zwischen Gott und der Welt ein. Der Arianismus wurde auf den Konzilen von Nicäa (325) und Konstantinopel (381) verdammt, Arius als Ketzer verurteilt und aus der katholischen Kirche ausgeschlossen. Dennoch hielt sich seine Lehre unter verschiedenen germanischen Stämmen bis ins 6. Jahrhundert hinein.

Es war also letztlich nur eine Frage der kirchlichen

Macht, welche Richtung sich durchsetzte. Wir könnten heute auch ein Christentum haben, in dem Christus nicht als Sohn Gottes verehrt wird, sondern als sein Prophet. Aber wer weiß, ob das Christentum dann überhaupt seinen Siegeszug in der westlichen Welt angetreten hätte.

Das Christentum stellt im Grunde bereits in seiner Heiligen Schrift, dem »Neuen Testament«, keine Einheit dar. Wir haben vier Evangelien, die die Geschichte Jesu unterschiedlich erzählen. Allein diese Tatsache liefert schon genügend Gründe für die Ausbildung von Glaubensrichtungen, mal ganz davon abgesehen, dass noch von einem fünften Evangelium die Rede ist, jenem des Thomas, das freilich nur für die Sekte der Thomas-Christen Gültigkeit besitzt; diese hat im südlichen Indien noch heute mehrere Millionen Anhänger.

Am Problem des Thomas-Evangeliums kann man sehr schön nachweisen, dass das Christentum ein von kirchlichen Interessen gelenkter Glaube ist. Viele frühchristliche Schriften wurden irgendwann von Kirchenlehrern als »falsch« ausgesondert; man nannte sie »Apokryphen« und stellte sie in eine Art Schmuddelecke der christlichen Heilsbotschaft. Zu diesen »Apokryphen« gehört eben auch das Thomas-Evangelium, das vermutlich im 2. Jahrhundert in Syrien entstanden ist und eine Sammlung von angeblichen Sprüchen Jesu enthält. Dieses Evangelium war Bestandteil einer bedeutenden und verbreiteten Strömung urchristlicher Mystik. Die Frage ist, wieso es, wie andere apokryphe Schriften auch, nicht in die christliche Bibel aufgenommen wurde – bis es schließlich in Vergessenheit geriet und verschwand. Nun, weil die Kirche widersprüchliche Lehren nicht als solche stehen lassen wollte, sondern eine Lehre auf Kosten der anderen zur alleinigen Wahrheit erhob. Das Thomas-Evangelium steht nämlich in einem gewissen Gegensatz zum Johannes-Evangelium. Thomas verkündet, dass im Innern aller Gläubigen bereits die Gottesherrschaft angebrochen sei; der Gläubige müsse dieses vorhandene »Licht« nur entdecken, wozu ihm Jesus die Anleitung gebe. Dagegen verkündet Johannes, dass das Gottesreich im Innern des Gläubigen nur durch Askese und Weltabkehr zu erschließen sei, indem man Jesus nachfolge. Die Kirche mit ihrem Anspruch auf Alleingeltung entschied sich für die Lehre des Johannes – vielleicht weil so der Gläubige zu einem Büßer gemacht werden konnte, der sich sein Heil erst noch mithilfe der Kirche »erarbeiten« muss. Dagegen ist für Thomas der Gläubige bereits ein von Gott Erleuchteter, dem die Kirche nichts mehr vorzuschreiben hat. Diese Lehre passte zum Geist Indiens, weshalb sie dort bis heute Anhänger unter den dortigen Christen hat und auch von Hindus bereitwillig aufgenommen wurde.

Der alleinige Wahrheitsanspruch der Kirche weckte im Christentum von jeher die Lust auf Widerspruch und Abweichung. So ist die Geschichte des Christentums von Anbeginn auch eine der Unterdrückung von Sekten; sie ist erfüllt von Glaubenskämpfen, in denen Theologen und kirchliche Richtungen heftig im Streit lagen. Das Christentum hat ein offenkundiges Wahrheitsproblem. Allerdings ist es so, dass die verschiedenen christlichen Richtungen letztlich doch alle auf denselben Grundanschauungen basieren und sich oft nur in wenigen Punkten voneinander unterscheiden.

Im Gegensatz dazu kennt der Hinduismus, wie schon erwähnt, kein solches Wahrheitsproblem. Er duldet alle nur denkbaren Andachtsformen, weil er in jeder eine Offenbarung des menschlichen Strebens zum Göttlichen sieht. Von daher spielt im Hinduismus das Sektenwesen keine Rolle. Das Christentum hingegen ist exklusiv, also ausschließend; es duldet keinen »Irrtum, der Gott die Ehre und den Menschen das Heil entzieht« Nach christlichem Urverständnis führt zu Gott nur ein einziger Weg, und der wird von der Kirche festgelegt. So fand schon sehr früh eine autoritäre Verkirchlichung des Christentums statt, wobei die Kirche definierte, was wahr und was falsch ist. Dieser »Kanon der Wahrheit« wurde durch den im 2. Jahrhundert n. Chr. lebenden Lyoner Bischof Irenäus eingesetzt und im Konzil von Nicäa abgesegnet. Von da an wurden die vielgestaltig existierenden christlichen Gruppen isoliert und zur Bedeutungslosigkeit verurteilt oder, falls ihr Einfluss zu stark wurde, grausam verfolgt. So widerfuhr es den Katharern (oder Albigensern) im 12. Jahrhundert, die in einem 20-jährigen Krieg buchstäblich ausgerottet wurden.

Doch nicht einmal grausamste Verfolgung konnte das Sektenwesen im Christentum eindämmen. Heute ist die Zahl der christlichen Sekten unübersehbar. Und täglich kommen neue hinzu. Vor allem in Afrika wird das christliche Sektenwesen mehr und mehr zum Unwesen: Mehr als 10 000 Sekten und Freikirchen gibt es dort, und die meisten von ihnen sind erst in den vergangenen Jahren entstanden. Sie bildeten sich vor allem in den Armenvierteln der großen Städte und zeigen oft diktatorische, ja geradezu menschenverachtende Züge.

Von diesen negativen Erscheinungen des Sektenwesens abgesehen, muss man grundsätzlich aber doch sagen, dass Sekten auch Ausdruck eines positiven Glaubensverständnisses sind: Sie stellen eine Art von Glaubensprotest gegen die Auffassung dar, dass es »außerhalb der Kirche kein Heil« geben könne. Die gläubige Menschenseele, zumal wenn sie um ihren Glauben ernsthaft ringt, spürt, dass den schwierigen Weg zu Gott letztlich jeder auf seine Weise zu gehen hat und dass es nicht nur einen, sondern zahllose Wege gibt. Vor allem sollte man nicht vergessen, dass die christliche Kirche selbst aus einer jüdischen Sektenbewegung hervorgegangen ist. Auch der Protest Luthers gegen die versteinerte katholische Kirche führte zuerst zu einer protestantischen Sekte, aus der erst nach und nach eine neue christliche Kirche hervorging. Sekten, so sieht man, können weltgeschichtliche Folgen haben. Doch das ist selten.

Warum liegen die Religionen im Streit miteinander?

Die Religionen liegen gar nicht im Streit miteinander. Sie existieren in Gestalt ihrer heiligen Bücher seit Jahrtausenden ruhig nebeneinander und durchdringen sich wechselseitig. Keine Religion gäbe es ohne die anderen. Die Religionen sind Schmelzprodukte des Geistes, ähnlich wie die Philosophien oder die Künste der Welt. Ganz bestimmte, nämlich streitsüchtige Menschen tragen den Streit in die Religionen hinein. Die Religionen werden zum Streiten missbraucht. Viele Gläubige können es nicht ertragen, dass andere etwas anderes glauben. Das heißt aber nur, dass der Gläubige seines Glaubens nicht sicher ist. Dann mag ihm ein anderer Glaube wie eine Gefahr erscheinen. Dabei ist die Vielfalt der Religionen ein gutes Zeichen, ja, man kann getrost davon ausgehen, dass sie im Sinne Gottes ist. Denn Gott ist zu groß, um in eine einzige Religion zu passen. Mehr noch: Gott selbst hat durch seine Rätselhaftigkeit diese Vielfalt erzeugt. Die Kulturen der Menschheit haben in Jahrtausenden versucht, auf ihre ganz besondere Weise sich dem unlösbaren Gottesrätsel zu nähern. Wer die Religionsvielfalt nicht erträgt, erträgt die Vielfalt der Kulturen nicht und letztlich auch nicht die Unfassbarkeit Gottes. Wer einen Hass auf andere Religionen verspürt, hasst im Grunde Gott selbst wegen seiner Unergründlichkeit.

Und damit haben wir die Frage dieses Kapitels eigentlich schon beantwortet: Die Menschen streiten, nicht die Religionen. Denn die Religionen sind sich vollkommen einig in dem, was sie wollen: Frieden und Liebe. Wenn alle Gläubigen ihre Religion wirklich verstehen und ernst nehmen würden, wäre für Streit kein Platz mehr. Der Streit beruht auf einem großen Missverstehen der Religion durch ihre Anhänger. Dabei scheint die Feindschaft zwischen verschiedenen Religionsanhängern immer dort am stärksten, wo eine Religion aus einer anderen hervorgegangen ist. Dadurch reißt die jüngere Religion in die ältere eine tiefe Wunde, die sich nicht schließen will. So hat es am meisten Streit zwischen Judentum, Christentum und Islam gegeben, weil sie Bruder- und Schwesterreligionen sind und alle einer einzigen Wurzel entspringen, eben der jüdischen. Sie sind einander sehr ähnlich – und daraus entstehen die Reibereien. Dabei wird eines im Streit gern vergessen: dass Gott selbst weder Jude noch Christ noch Muslim ist. Im religiösen Streit wird Gott nur benutzt; es wird so getan, als wäre Gott ein Anhänger der eigenen Religion. Aber das ist er nicht. Gott ist zwar »Gegenstand« der Religionen, gehört ihnen aber selbst nicht an. Das müsste endlich mal verstanden werden.

Vielleicht kommt ja irgendwann die Zeit, in der Juden, Christen und Muslime einander wohlwollend mit dem Satz begrüßen: »Es gibt nur einen Gott, nämlich den, den wir gemeinsam verehren.« Jeder Gläubige sollte endlich begreifen, dass es auch außerhalb seiner Religion ein Heil gibt. Jeder sollte sich bewusst sein, dass die eigene Religion nur ein Teil des Ganzen ist, dass es religiöse Ansichten gibt, die ebenso fromm sind und doch von den eigenen gänzlich verschieden.

In den großen Religionen Asiens hat man das von jeher so gesehen, weshalb dort ihre Anhänger auch weitgehend friedlich nebeneinander und miteinander existieren. Jede Religion, so weiß man dort, führt zum selben Ziel, weil es das einzige ist: Gott. Ramakrischna (1836–1886), der große Heilige Indiens, den die Hindus als eine Verkörperung Gottes ansehen, hat diese Erkenntnis in folgenden Worten ausgedrückt: »Ich habe alle Religionsbräuche geübt: den Hinduismus, den Islam, das Christentum, und ich bin auch die Wege der verschiedenen Sekten des Hinduismus gegangen, und ich habe gefunden, dass es derselbe Gott ist, zu dem sie alle streben, wenn auch auf verschiedenen Wegen … Ihr müsst diese verschiedenen Wege gehen und einmal jede Glaubensform wirklich durchproben. Ich sehe überall Menschen, die sich im Namen der Religion streiten … Sie bedenken aber nicht, dass Der, der Krischna genannt wird, ebenso auch Schiva heißt, und ebenso kann er Urkraft, Jesus oder Allah genannt werden und ebenso gut der eine Rama mit seinen tausend Namen … Der Urgrund ist Einer unter verschiedenen Namen, und ein jeder sucht nach demselben Urgrund; nur Klima, Naturanlage und Benennung schaffen die Unterschiede …«

Könnte es nicht sein, dass sich die Gläubigen viel zu wichtig nehmen? Denn was heißt das schon, einer Religion anzugehören? Man wird halt zufällig in sie hineingeboren. Die wenigsten Gläubigen haben sich bewusst für ihren Glauben entschieden. Also noch einmal: Nicht die Religionen sind streitsüchtig, sondern sie werden von streitsüchtigen Menschen für ihre gewalttätigen Zwecke missbraucht.

Was ist der Unterschied zwischen wahrem Glauben und Aberglauben?

Ein japanisches Sprichwort sagt: »Man kann an alles glauben, auch an den Kopf einer Ölsardine.« Die Glaubenstiefe, die in einer Ölsardine steckt, erschließt sich freilich nicht jedem; dazu muss man schon ein äußerst vergeistigter Mensch sein – oder verrückt. Doch die Grenze zwischen einem Heiligen und einem Verrückten ist ohnehin fließend. Ramakrischna, von dem wir im vorigen Kapitel hörten, hat man den »Narren Gottes« genannt, und er selbst hatte nichts dagegen einzuwenden. Er sah Gott in allen Dingen, in einem Stecknadelkopf genauso wie im Kopf einer Ölsardine. Man kann auch an gar nichts glauben; aber selbst das ist ein Glaube – der Glaube ans erlösende Nichts.

Was sicher und gewiss ist, muss nicht geglaubt werden. Jeder Glaube ruht auf dem Ungewissen; davon nährt er sich. Nun nimmt aber jede Religion, ja jede winzigste Sekte für sich in Anspruch, im Besitz des wahren Glaubens zu sein, wobei so getan wird, als gäbe es davon nur einen – eben den, den man selber vertritt. Logischerweise werden dann alle anderen Glaubensformen für falsch gehalten. Daran ändert auch das Bekenntnis zur Toleranz nichts, denn auch der Tolerante meint ja immer noch, dass seine eigene Ansicht die richtige ist. Er toleriert die Religionen der anderen nur, hält sie aber für falsch. Besser wäre es, sie als gleichwertig anzusehen; dann müsste man sie nicht mal mehr tolerieren.

Wer den Glauben eines anderen als Aberglauben bezeichnet, tut sich schwer, dies zu begründen. Es fehlen objektive, das heißt wissenschaftliche Argumente. Und dennoch hat ein mit klarem und nüchternem Verstand begabter Mensch meist ein feines Gespür für jenen Punkt, an dem ein Glaube sich im Nebelreich des Aberglaubens verliert. Was einen wahren Glauben auszeichnet, ist seine tiefe Abneigung gegenüber »materiellen« Beweisen der göttlichen Macht – dieser gesunde Zweifel an sogenannten Wundern, also an Ereignissen, die den Naturgesetzen oder aller Erfahrung widersprechen. Dabei ist das Göttliche doch gerade das, was nicht bewiesen werden muss. An Gott muss geglaubt werden. Wunder schwächen den Glauben, sie verwässern ihn durch »Beweismittel«, nach denen es keinen ernsthaften Gläubigen verlangt.

Noch etwas anderes schwächt den Glauben und ist typisch für den Aberglauben: die Missachtung der Gewissensfreiheit. Der Aberglaube duldet keine Fragen, er hasst den Zweifel. Ein wahrhafter Glaube verlangt geradezu nach dem Zweifel – und seiner Überwindung. Der Aberglaube ist in sich starr; er fürchtet die Freiheit des Geistes.

Vor allem am Wunder entzündet sich der Konflikt zwischen Glauben und Aberglauben. Das gilt insbesondere für das Christentum, dessen Stifter Jesus selbst als wundertätiger Mann in den Evangelien geschildert wird. Jesus zieht als Wunderheiler durchs Land, als Geistheiler, wie man heute sagen würde. Doch bei nüchterner Betrachtung kommt man zu dem Schluss, dass Jesus bei seinem

Heilen nicht das vollbrachte, was man heute als »Wunder« bezeichnet. Er heilte durch die geistige Kraft, die von seiner außergewöhnlichen Persönlichkeit ausging. »Dein Glaube hat dir geholfen«, sagte Jesus zu all jenen, die allein durch die Kraft seines Worts wieder gesund wurden. Zudem muss man wissen, dass zur Zeit Jesu im jüdischen Volk das Heilige vom Heilenden noch nicht geschieden war. Arzt, Priester, Prophet, Schriftgelehrter und Lehrer waren eins. Und selbst noch wir Menschen von heute wissen, dass viele körperliche Krankheiten ihrem innersten Wesen nach als Seelenkrankheit zu betrachten sind. Zur Zeit Jesu glaubte man, dass Krankheit die Folge begangener Sünden sei. Deshalb könne allein schon die Vergebung von Sünden (durch Jesus) Heilung bewirken. Doch Jesus vergab nur dann Sünden, wenn er beim Kranken einen aufrichtigen Glauben an Gott gespürt hat. Das heißt: Der Glaube selbst ist heilsam; das Heil (= das Heilende) kommt durch den Glauben.

Nach seinen eigenen Vorstellungen vollbrachte Jesus also gar keine Wunder; er war kein Magier. Allein der Glaube im Menschen kann Wunder wirken. Für das Christentum gilt ohnehin die Menschwerdung Gottes in Jesus Christus als das »Wunder aller Wunder«. Aber es gibt sogar noch ein ursprünglicheres »Wunder aller Wunder«: die Schöpfung selbst. Das Leben als solches und der Kosmos als Ganzer ergeben das Wunder schlechthin. Das Wunderbare besteht darin, dass Gott als der Verborgene, Unnennbare und nicht zu Erfassende eine fassbare und in Teilen begreifbare Welt erschaffen hat.

Ursprünglich gehörte das Wunder zu den magischen

Praktiken, die man heute noch bei Naturvölkern findet, und es hilft wenig zu leugnen, dass es wirkliche Magie gegeben hat und weiterhin gibt. Gewisse magische Praktiken, meist verbunden mit Zaubersprüchen, bringen bei Naturvölkern Wirkungen hervor, die uns als Wunder erscheinen müssen. Allerdings weiß man längst aufgrund intensiver Erforschung des Magischen, dass es mit magischen Praktiken allein nicht getan ist, um »Wunder« zu bewirken. Die wirksame Anwendung des Magischen erfordert eine angeborene oder erworbene seelische Beschaffenheit im Menschen. Der Magier muss sich durch bestimmte geistige Übungen oft lange kasteien, um seinen Willen zu einer uns völlig unbegreiflichen Mächtigkeit zu steigern. Das führt zu einer geradezu übernatürlichen Intensität des Gedankens. So wird etwa in der Geschichte der asiatischen Kampfkünste von Kämpfern berichtet, die allein durch die Macht ihres Blicks und ihrer Erscheinung den Gegner zu besiegen vermochten. Der Blick warf den Gegner zu Boden, als wäre er von einem Faustschlag getroffen.

Wunder, so sagten wir, ist das, was den Naturgesetzen widerspricht. Der große Kirchenvater Augustinus (354–430) sah das allerdings ein bisschen anders: »Wunder sind nicht wider die Natur, sondern nur gegen die uns bekannte Natur.« Es kommt also immer darauf an, was der Mensch von der Natur weiß, damit überhaupt etwas als wundersam erscheinen kann. Man sieht umso mehr »Wunder« in der Natur, je weniger man von der Natur weiß. Wenn beispielsweise im Alten Testament berichtet wird, dass die Sonne dem Josua zuliebe stillsteht, also die Erde sich nicht mehr um sich selber dreht, oder die Mauern Jerichos bei den Trompetenstößen der Israeliten einstürzen, so bezeichnen wir das als Wunder – und nennen es gleichzeitig mythisch. Mit »mythisch« ist gemeint, dass es sich um erfundene, sagenhafte Wundergeschichten handelt. Wunder verweisen wir in die Welt der Sagen und Legenden – und damit ins Reich des Aberglaubens. Wir wissen, dass die Erde auch in biblischer Zeit ihre Eigenrotation niemals eingestellt hat. Hingegen kann der Einsturz der Mauern von Jericho ein Zufall gewesen sein, etwa so: Die Trompeten ertönten just in dem Moment, da ein schweres Erdbeben einsetzte. Und die biblischen Autoren machten daraus ein göttliches Wunder. Aber wozu? Nun, weil es die Menschen nach Wundern verlangte, nach sichtbaren Zeichen des unsichtbaren Gottes. Wunder, so könnte man sagen, entspringen der Wundersucht des Menschen. So dachte übrigens auch Jesus, der deshalb die Wundersucht seiner Jünger energisch zurückwies – um dann doch immer wieder von sich aus Wunder zu wirken, so etwa sein Gehen auf dem Wasser. Darüber liest man im Matthäus-Evangelium, Kapitel 14, Verse 24–33: »Das Boot mit den Jüngern war inzwischen weit draußen auf dem See. Der Wind trieb ihnen die Wellen entgegen und machte ihnen schwer zu schaffen. Gegen Morgen kam Jesus auf dem Wasser zu ihnen. Als sie ihn auf dem Wasser gehen sahen, erschraken sie. Sie meinten, es sei ein Gespenst, und schrien vor Angst. Sofort sprach Jesus sie an: ›Erschreckt nicht! *Ich* bin's, habt keine Angst!‹ Da sagte Petrus: ›Herr, wenn du es wirklich bist, dann befiehl mir, auf dem Wasser zu dir zu kommen!‹ ›Komm!‹, sagte Jesus. Petrus verließ das

Boot und ging auf dem Wasser auf Jesus zu. Als er aber die hohen Wellen sah, bekam er Angst. Er begann zu sinken und schrie: ›Hilf mir, Herr!‹ Jesus streckte sofort seine Hand aus, fasste Petrus und sagte: ›Du hast zu wenig Vertrauen! Warum bist du so halbherzig?‹ Dann stiegen beide ins Boot, und der Sturm legte sich. Da warfen sich die Jünger im Boot vor Jesus nieder und riefen: ›Du bist wirklich der Sohn Gottes.‹«

Erst das Wunder, so scheint es, bringt die wankelmütigen Jünger zum Glauben, und fast möchte man Jesus den Vorwurf machen, dass er selbst in der Art eines modernen Illusionskünstlers die Jünger zu beeindrucken sucht. Doch diese Wunder-Geschichte geht tiefer: Jesus zeigt, dass die Jünger trotz seiner Wunder noch immer nicht an ihn glauben und kein Vertrauen in ihn haben. Seine Wunder sind vollkommen bedeutungslos, solange im Menschen kein Glaube da ist. So kommt es, dass die Jünger zuerst ihren Meister gar nicht erkennen, sondern ein Gespenst in ihm sehen. Es fehlt ihnen der Glaube. Sie glauben nicht an Jesus, sondern tatsächlich an Gespenster.

Wo kein Glaube ist, ist auch kein Wunder. Hätte Petrus wirklich geglaubt, dann, so verkündet Jesus, wäre auch er in der Lage gewesen, übers Wasser zu gehen. Die Wunder Jesu, so zeigt das Neue Testament, gibt es nicht an sich, sondern immer nur im Zusammenhang mit Glaube und Offenbarung. Nicht Wunder sollen die Menschen zum Glauben verleiten, sondern der Glaube selbst ist das Wunder. Mit dieser Ansicht haben sich die christlichen Kirchen bewusst von einem Jesus-Bild verabschiedet, das die Evangelisten mit großem Eifer entworfen hatten: Jesus als quasiheidnischer Geistheiler und Zauberer. Schon im Jahre 1933 hatte der protestantische Theologe Rudolf Bultmann (1884–1976) versucht, seine Kirche aus diesem Gefängnis der Wunderlegenden um Jesus zu befreien, indem er allein Jesu Wort in den Mittelpunkt der Frohen Botschaft stellte. Bultmann meinte: »Man kann nicht elektrisches Licht und Radioapparat benutzen und gleichzeitig an die Geister- und Wunderwelt des Neuen Testaments glauben.« Heute sieht das die evangelische Theologie etwas anders: dass Jesus allein mit der Kraft seines Geistes geheilt hat, widerspricht ja längst nicht mehr der modernen Wissenschaft. Dafür, dass so etwas möglich ist, gibt es allzu gut belegte Fälle von Heilungen – vor allem von Krebs – wider alle medizinischen Erkenntnisse. Die Mediziner sprechen von »Spontanheilungen«, die freilich nur ganz selten vorkommen, nämlich bei 100 000 Krebserkrankungen ein- bis zweimal. So gibt es neuerdings im Protestantismus Versuche, das Wunder dort wieder heimisch zu machen als sinnlichen Liebesbeweis Gottes jenseits aller Glaubensgrenzen und Dogmen.

Vor diesem Hintergrund wird verständlich, dass die Kirchen alles andere als freudig, sondern äußerst skeptisch auf Wunderberichte reagieren, wie sie vor allem aus katholischen Ländern immer wieder gemeldet werden. Das Wunder ist längst nicht mehr des »Glaubens liebstes Kind«, wie Goethes Faust gemeint hat. Für die moderne Theologie sind Wunder zu einer echten Verlegenheit geworden, während sie in alten Zeiten ihre schlagkräftigsten und verlässlichsten Bundesgenossen waren. Seit dem machtvollen Erstarken der Naturwissenschaften im 19. und

20. Jahrhundert ging es mit den Wundern rapide bergab. Im hellen Geistlicht der Wissenschaft erkannte endlich auch die Theologie, dass ein Ereignis nicht schon deshalb ein Wunder ist, weil man es (noch) nicht erklären kann.

So erkennt die katholische Kirche ein Ereignis nur dann als Wunder an, wenn es sich als Zeichen für Gottes Unergründlichkeit ganz aus dem Raum des Natürlichen heraushebt. Um ein Beispiel zu nennen: Wenn ein schwer kranker Mensch einen Wallfahrtsort aufsucht und danach gesund wird, so ist das kein Wunder. Denn der Grund für die plötzliche Gesundung kann ja auch im Menschen selbst liegen – oder in der guten Luft am Wallfahrtsort.

Aber was ist dann nach kirchlicher Definition ein Wunder, also eine echte Offenbarung der Herrlichkeit Gottes? Nun, zunächst muss von einer unabhängigen Instanz festgestellt werden, dass es sich bei dem wunderhaften Ereignis um ein Geschehen handelt, das wie alle anderen historischen Ereignisse wissenschaftlich sauber belegt werden kann; es muss zweifelsfrei stattgefunden haben. Steht die Tatsächlichkeit einwandfrei fest, so stellt sich die weitere Frage nach der Ursache des Ereignisses: Wer oder was hat das angebliche Wunder bewirkt? Denn nicht alles, was außerhalb der Naturgesetzlichkeit zu liegen scheint, muss schon ein Wunder sein. Der Mensch kann noch längst nicht alles in der Natur erklären. Die Wissenschaft kann also bei einem wundersamen Ereignis letztlich nur feststellen: Wir verstehen es nicht. Erst wenn das der Fall ist, darf überhaupt der Gedanke an ein Wunder gewagt werden. Ein Wunder hebt also keineswegs die Naturgesetze auf, im Gegenteil: es setzt die Naturgesetze voraus. Erst auf der Grundlage der Naturgesetze kann sinnvoll festgestellt werden, dass ein Ereignis außerhalb derselben liegt, also womöglich ein Wunder ist. Die Ursache des Wunders ist stets die gleiche: Gott selbst. Der Mensch ist immer nur mittelbare Ursache, indem er als »Instrument Gottes« dient.

Das letzte und entscheidende Urteil über ein angebliches Wunder liegt bei der Kirche, und sie nimmt es in dieser Sache sehr genau. So hat es der berühmteste Wunderort der katholischen Kirche – gemeint ist die französische Stadt Lourdes mit ihrer Wunderheilquelle – erst auf 65 von der Kirche anerkannte Wunder gebracht. Sämtliche Wunder von Lourdes waren Spontanheilungen. Gezählt wird seit dem Jahre 1858, als das 14-jährige Mädchen Bernadette in einer Höhle mehrere Marienvisionen erlebte. Fast zwei Drittel aller Heilungswunder fanden vor dem Ersten Weltkrieg statt, dreizehn im religiös sehr aufgeladenen Jahrzehnt nach dem Zweiten Weltkrieg. Danach ließen Wunder auf sich warten; es gab nur noch deren drei. Das vorerst letzte ereignete sich zu Weihnachten 1976. Seit dreißig Jahren also keine Wunder mehr in Lourdes! Das muss zu denken geben. Hat Gott keine Lust mehr, uns auf diese Weise Zeichen zu geben? Oder fehlt der Glaube, der ja, wie wir gehört haben, die Voraussetzung für ein Wunder ist?

Die katholische Kirche ließ sich bei jeder Beurteilung eines vermeintlichen Wunders sehr viel Zeit; jenes von 1976 wurde erst im Jahre 1989 anerkannt. Solche Vorsicht ist auch geboten. Denn lange Zeit haben rückständige Kreise in der katholischen Kirche das Wunder – und damit die Kirche selbst – in ein schlechtes Licht gerückt durch schamlose Geschäftemacherei mit erfundenen Marienerscheinungen, Wunderquellen, blutenden Marienstatuen, blutenden Hostien, blutenden Bäumen und was nicht sonst noch alles geblutet hat. Auf einmal gab es zahllose Orte, zumal im katholischen Südeuropa, an denen Wunder die natürlichste Sache der Welt zu sein schienen. Diese lockten die wundersüchtigen Menschen in Scharen an; ein regelrechter Wundertourismus setzte ein.

Der Glaube an Wunder ist ja nicht pauschal zu verdammen. Wer war nicht schon mal in einer schwierigen Situation, in der er auf ein Wunder gehofft hat? Solche Hoffnung ist menschlich; sie selbst ist noch kein Aberglaube. Der Aberglaube fängt an, wenn die Religion dem Hoffenden dubiose Hilfsangebote macht, dieser sie annimmt und womöglich auch noch Geld oder sonst etwas dafür gibt. Aber wer will letztlich entscheiden, wo der wahrhaftige Glaube aufhört und der Aberglaube beginnt? Vieles, was vor 5000 Jahren den Menschen als wahre Religion galt, erscheint uns heute als Aberglaube. Wer weiß, ob unsere heutigen Formen der Religiosität den Menschen in 5000 Jahren nicht auch als purer Aberglaube erscheinen werden?

Andere des Aberglaubens zu bezichtigen ist eine heikle Sache. Denn in jedem Glauben schlummert jede Menge Abergläubisches oder tritt sogar offen zutage. Der Aberglaube, so könnte man sagen, war von jeher Teil des wahren Glaubens. Noch der beste Wein besteht eben auch aus Wasser.

Was hat Religion mit Politik zu tun?

Religion hat nichts mit Politik zu tun — so könnte man meinen. Jesus zum Beispiel hat deutlich zum Ausdruck gebracht, dass er mit Politik nichts zu tun haben will. »Mein Reich ist nicht von dieser Welt«, hat Jesus dem römischen Präfekten Pontius Pilatus geantwortet. Und dennoch — ganz weltlich betrachtet — war der Kreuzestod Jesu ein Mord aus politischen Gründen. Jesus war einer von Hunderttausenden von Juden, die die römischen Besatzer ans Kreuz schlagen ließen, weil sie Aufruhr stifteten. Der »Aufruhr« Jesu bestand in der Radikalität seiner religiösen Lehre, mit der er viele Menschen in seinen Bann zog. Das allein genügte, um den Verdacht der politischen Rädelsführerschaft zu erwecken. Denn der römische Statthalter Pilatus stand ja gleichsam an der Front. Er war nicht nur oberster Gerichtsherr, sondern zuallererst Militär. Wo er einen Schaden für Rom witterte, machte er kurzen Prozess. Unruhestifter und Messiasanwärter mussten mit der Kreuzigung rechnen. Was Jesus widerfuhr, war das Übliche.

Die berühmte Bergpredigt Jesu kann man in manchen Passagen auch als politische Rede deuten. Etwa dort, wo Jesus die Herrschaft Gottes auf Erden verkündet und sich selbst als »König der Juden« bezeichnet. Das konnte weder die religiösen noch die politischen Herrscher gleichgültig lassen, schon gar nicht in einer so unsicheren, von Krieg,

Chaos und sozialen Spannungen bestimmten Zeit. Tatsächlich ist das Reich des Glaubens eben auch von dieser Welt – weil auch die Gläubigen in ihr leben. Was in den heiligen Büchern steht, ist das eine, die religiöse Wirklichkeit das andere. So predigte Jesus: »Sammelt keine Reichtümer hier auf der Erde! Denn ihr müsst damit rechnen, dass Motten und Rost sie auffressen oder Einbrecher sie stehlen. Sammelt lieber Reichtümer bei Gott.« In den Predigten Buddhas findet man ganz ähnliche Worte.

Doch auch in den Religionen – wie in der Politik – unterscheidet sich die reine Lehre sehr stark von der praktischen Umsetzung, zumal wenn es zur Bildung von Kirchen kommt. Kirchen sind zwar keine politischen Parteien, aber manchmal kommen sie einem so vor. Die katholische Kirche gleicht gar einer absoluten Monarchie. Sie besitzt bis heute im Vatikan sogar einen weltlichen Staat, der einst weite Teile Mittelitaliens umfasste. Der Vatikanstaat verfügt über die drei klassischen Elemente eines echten Staats im Sinne des Völkerrechts: Staatsvolk, Staatsgebiet und Staatsgewalt. Er ist die letzte absolute Monarchie in Europa. Der Papst hat die gesetzgebende, die ausführende und die richterliche Gewalt. In allen wichtigen Dingen entscheidet er allein. Der Vatikan (»Heiliger Stuhl«) unterhält zu etwa 180 Staaten diplomatische Beziehungen, engagiert sich in der Friedenspolitik und ist als ständiger Beobachter bei den Vereinten Nationen (UN) zugelassen. Der offizielle Name des Kirchenstaats lautet: Stato della Città del Vaticano, abgekürzt SCV. Spöttische Zungen übersetzen das Kürzel gern anders: »Se Cristo vedesse« – wenn Christus das sehen würde.

Am Vatikan ist besonders augenscheinlich, was mit Ausnahme des Hinduismus, der keine Kirchenbildung kennt, für alle großen Religionen gilt: Sie sind allesamt ganz weltlich verwurzelt. Das Christentum in seinen verschiedenen Kirchen, der Islam durch seine enge Verknüpfung von Religion und Staatsmacht. Was das Christentum betrifft, so hat es sich für die irdische Welt erst zu interessieren begonnen, nachdem es seinen ursprünglichen Glauben an das baldige Weltende aufgegeben hatte. Wenn das Reich Gottes auf sich warten lässt, ist es nötig, sich in dieser Welt dauerhaft einzurichten. Also formte man eine Kirche, in der das jenseitige Reich Gottes wenigstens als Abbild sichtbar sein würde. Dieser Schritt war ein durchaus politischer, ja geradezu staatspolitischer. Entsprechend deuteten die frühen Kirchenlehrer die katholische Kirche als eine von Christus selbst eingesetzte Glaubensinstitution, was sich allerdings durch die Evangelien mit keiner Stelle belegen lässt. Jesus, so kann man mit Gewissheit sagen, wollte keine Kirche begründen; ein solches Ansinnen war ihm als gläubigem Juden fremd. Jesus war fest verwurzelt im Judentum. Und genau das macht ja seine Botschaft so ewig gültig und ergreifend: dass sie, ganz im jüdischen Sinn, den Einzelnen anspricht. Jesus will jeden Menschen als Individuum zu Gott hinführen, nicht als Mitglied einer Organisation, die sich Kirche nennt. Und so ist es im Judentum: Dort steht jeder Gläubige für sich allein seinem Gott gegenüber, und wenn zehn (männliche) Gläubige sich im Gebet zusammenfinden, dann ist das bereits eine »Kirche«, eine Synagoge, was nichts anderes bedeutet als »Gemeinde«.

Die Idee eines irdischen Gottesreichs reifte langsam im Christentum heran. Anfangs war es eher eine Religion einzelner, oft in asketischer Abgeschiedenheit lebender Menschen beziehungsweise kleiner Gemeinden, die der Lehre Jesu gemäß zu leben versuchten: in der Nachahmung Christi. Die Idee einer übergeordneten Organisation (= Kirche) kam erst Jahrhunderte später auf; sie geht auf Augustinus (354–430) und seine Schrift »Vom Gottesstaat« zurück. Augustinus unterscheidet den Gottesstaat vom irdischen Staat und trennt damit die christliche Heilsgeschichte von der Weltgeschichte ab. Es ist kein Zufall, dass diese Idee gerade in jener Zeit reifte, da das Römische Reich unterging. Die Idee des ewigen Gottesstaats entstand im 5. Jahrhundert gleichsam auf den Trümmern eines Imperiums. Augustinus dachte den Gottesstaat noch als einen rein geistigen Staat; dieser werde allein im Glauben verwirklicht.

Doch die Geschichte verlief ganz anders. Mit der Begründung des Papsttums in Rom verwirklichte sich die Idee des Gottesstaats als eines weltlichen Kirchenstaats. Das war allerdings nur möglich, weil der römische Kaiser in Gestalt Konstantins des Großen (280–337) hundert Jahre vor Augustinus seinen Herrschaftssitz von Rom ins östliche Byzanz (Konstantinopel) verlegt hatte. So konnte der Bischof von Rom als Papst erst zu weltlicher Macht gelangen, allerdings um den Preis der Spaltung der Christenheit in eine westliche römisch-katholische und eine östliche byzantinische Kirche. So bauten die Päpste in Rom einen Kirchenstaat, der sich von Anbeginn auch als weltlicher Gegenstaat zum weltlichen Byzanz verstand.

Dabei stützten sie sich auf eine Schenkungsurkunde des Kaisers Konstantin, die später als Fälschung entlarvt wurde, sowie auf eine tatsächliche Schenkung des Frankenkönigs Pippin im Jahre 754.

Im Kirchenstaat, der lange Zeit auch ein eigenes Heer unterhielt und Kriege führte, hatte sich das Christentum einen irdischen Gottesstaat geschaffen und damit die Idee des Augustinus – von den Ideen Jesu ganz zu schweigen – in ihr Gegenteil verkehrt. Augustinus war es ja gerade um eine strikte Trennung des geistigen Gottesstaats vom weltlichen Staat gegangen. Erst mit der Schaffung des italienischen Nationalstaats im 19. Jahrhundert fand der Kirchenstaat ein Ende. Im Jahre 1870 besetzten italienische Truppen Rom. Dem damaligen Papst Pius IX. wurde nur noch die Nutzung der vatikanischen Paläste und Gärten zugestanden, einen eigenen Staat hatte er nicht mehr. Erst in den sogenannten Lateranverträgen von 1929 erhielt der Papst wieder einen kleinen Staat – den kleinsten der Welt! –, musste dafür aber Rom als Sitz der italienischen Regierung anerkennen und auf seinen einstigen mittelalterlichen Staat für immer verzichten. Von da an wurde das Papsttum wieder zu einer überparteilichen Macht. Deren weltpolitischer Einfluss ist sehr begrenzt, aber nicht vollkommen unbedeutend. Heute zählt das Volk des Kirchenstaats ca. 850 Einwohner auf einer Fläche von 0,44 Quadratkilometern.

Wer allerdings meint, dass der politische Einfluss der katholischen Kirche so klein ist wie sein Staat, der irrt gewaltig. Entscheidend ist die Zahl der Gläubigen, die der Papst hinter sich weiß – und das sind über eine Milliarde

Menschen weltweit. Die Kirche ist ein bedeutender weltpolitischer Faktor wegen ihrer zahlreichen Mitglieder. Sie kann zwar nicht direkt Politik machen, aber ihre Meinung zur Politik bekunden und damit Einfluss nehmen auf die Politik jener Länder, die einen erheblichen Anteil an Katholiken in ihrer Bevölkerung haben. In vielen katholisch geprägten Ländern, voran Italien, mischt sich die Kirche immer offener in die Politik ein. So sprachen sich die jüngsten Konferenzen der italienischen Bischöfe gegen die Ehe von Homosexuellen aus, stellten Grundsätze auf, wofür Steuergelder auszugeben seien, und gaben Ratschläge zu Spezialfragen wie der Zulässigkeit polizeilicher Telefonüberwachung. Die italienische Kirche macht also zunehmend Staat, indem sich die Geistlichen ins politische Tagesgeschäft einmischen. 60 Prozent der Italiener finden das gut.

Was für die katholische Kirche – nicht nur in Italien – gilt, gilt in ähnlicher Weise auch für die evangelische. Da sich das Christentum – aus seinem jüdischen Erbe heraus – als Friedensreligion und Religion der Nächstenliebe versteht, ist es nur konsequent, dass sich seine Kirchen vor allem in der Friedens- und Sozialpolitik engagieren. So hatte zum Beispiel Papst Johannes Paul II. eine entschieden ablehnende Haltung zum Krieg der USA gegen den Irak eingenommen. Verhindern konnte freilich auch er ihn nicht. Unbestritten ist auch der wichtige Beitrag, den der polnische Papst zum Niedergang des politischen Totalitarismus in Gestalt des sowjetischen Kommunismus geleistet hat. Papst Johannes Paul II. war also ein durchaus politischer Papst – leider auch in einem negativen Sinn:

etwa bei seiner starren Haltung in Fragen der Empfängnisverhütung. In der päpstlichen Sexualpolitik sollte die katholische Kirche endlich den Sprung in die Moderne wagen, den sie auf anderen Gebieten längst getan hat. Das päpstliche Verbot, Kondome zu benutzen, sollte endlich aufgehoben werden, und zwar schon deshalb, weil Kondome heutzutage der wichtigste Schutz gegen die tödliche Krankheit Aids sind. Für einen Kontinent wie Afrika mit seiner hohen Zahl an aidskranken Menschen ist die Kondomfrage inzwischen zu einer Überlebensfrage geworden. Man kann gegen ein Millionenproblem wie Aids nicht mit einer sturen und altertümlichen Sexualmoral angehen. Die überwiegende Zahl der Katholiken in den modernen Industrieländern hält sich ohnehin nicht an das päpstliche Verbot. Hier siegt zum Glück die Vernunft über die Papstpolitik. Woran man aber auch eines sieht: Der Papst ist nicht die Kirche. Die Kirche – und das ist die Gemeinschaft aller Gläubigen – zeigt auch die Grenzen päpstlicher Macht auf.

Die katholische Kirche befindet sich natürlich in einem gewissen Dilemma: Je mehr sie sich reformiert und dem Geist der Moderne und des Fortschritts anpasst, umso mehr wird sie sich der protestantischen Kirche annähern. So wird sich auf Dauer die katholische Kirche auch dem Priesteramt für Frauen nicht verschließen können; es gibt für den Ausschluss der Frauen vom Priesteramt im Neuen Testament ohnehin keine Begründung. Und wieso ein verheirateter Priester kein guter Priester sein soll, versteht auch niemand, zumal doch die Ehe ein heiliges Sakrament ist. Zudem ist bekannt, dass das Heiratsverbot für Priester erst im 11. Jahrhundert eingeführt wurde. Auch die Politik der Kirche wird nicht umhinkönnen, sich demokratisch zu gestalten. Es gibt zur demokratischen Politik keine Alternative, auch nicht in der Kirchenpolitik. Sie böte ja auch eine große Chance für das Christentum: Der alte Traum von der Wiedervereinigung der Kirchen könnte so wahr werden.

Religion und Politik, das dürfte klar geworden sein, sind nicht voneinander zu trennen, ja, eine solche Trennung wäre auch gar nicht wünschenswert. Indem die Kirchen zu allen wichtigen Fragen der Gesellschaft ihre Antworten anbieten, wirken sie so oder so politisch. Denn Aufgabe des Christen ist nicht die Abgrenzung vom gesellschaftlichen Leben, sondern die Teilhabe, die bewusste Einmischung, und zwar überall dort, wo Ungerechtigkeit geschieht. Einmischung ist höchste Christenpflicht, ist Nachahmung Christi. Im Nationalsozialismus haben beide christlichen Kirchen versagt; sie haben zum Unrecht geschwiegen, obwohl dieses zum Himmel schrie. Schlimmer noch: sie haben sich in den Dienst dieser antichristlichen Diktatur gestellt, die sich selbst auch noch als eine Art heidnische Glaubensgemeinschaft in Szene setzte. Damit haben die Kirchen eine Mitschuld am Aufkommen und an den Verbrechen des Nationalsozialismus auf sich geladen. Die überwiegende Mehrheit der christlichen Deutschen verriet ihren Glauben und stürzte sich in die gläubige Hingabe an einen »Führer«. Das war die entscheidende Gewähr für das reibungslose Funktionieren des »Dritten Reichs«. Erschreckend dabei ist das vollkommene Fehlen von Mitleid mit den Verfolgten, voran den Juden. Auschwitz und die Vernichtung der Juden war auch deshalb möglich, weil es in den christlichen Kirchen eine lange Tradition der Judenfeindschaft gab. Und so muss man sich fragen, ob die Verfolgung der Juden im Nationalsozialismus nicht von antijüdischen Vorurteilen in den Köpfen vieler Christen begünstigt worden ist.

Dabei gehört doch das Mitleiden, die »Compassion«, zu den geistigen Grundlagen des Christentums. Auch das Mitleiden ist höchste Christenpflicht. Aus beidem – Mitleiden und Einmischen – ergibt sich ein tätiges, im höchsten Maße politisches Christentum. Fast immer, wenn es darauf ankam, hat es in der Geschichte versagt, war es blind für fremdes Leid. Allerdings darf nicht unerwähnt bleiben, dass sich eine kleine Gruppe von Christen gegen die Nazidiktatur zur Wehr gesetzt hat, vor allem innerhalb der evangelischen Kirche Deutschlands. Seit 1934 gab es dort die Bewegung »Bekennende Kirche«, die aus dem von Pastor Martin Niemöller (1892–1984) gegründeten »Pfarrernotbund« hervorgegangen ist. Sie wandte sich vor allem gegen das Verbot des Alten Testaments durch die Nazis, das die Mehrheit der deutschen Christen, voran die kirchlichen Würdenträger, einfach so hingenommen hatte. Wie soll man das erklären? War nur die kollektive Feigheit vor den Nazis der Grund? Oder war womöglich das Alte Testament den meisten Christen gar nicht so wichtig, eben weil es das heilige Buch der Juden ist? Dabei hatten die Nazis bei ihrem Verbot des Alten Testaments ohnehin übersehen, dass auch das Neue Testament ein von Juden verfasstes Buch ist. Die »Bekennende Kirche« wurde von den Nazis als politischer Widerstand gedeutet und entsprechend verfolgt. Dadurch aber wuchs sie über die Bedeutung einer rein kirchlichen Bewegung hinaus. Pastor Niemöller verbrachte die Jahre 1937 bis 1945 in KZ-Haft als »persönlicher Gefangener Hitlers«. Eine weitere wichtige Persönlichkeit der »Bekennenden Kirche« war der evangelische Theologe Dietrich Bonhoeffer (1906–1945), der kurz vor Kriegsende im KZ Flossenbürg ermordet wurde.

Im modernen, christlich geprägten Europa von heute ist das (sozial-)politische Engagement der Kirchen ein wichtiger Teil des öffentlichen Lebens, allerdings nur auf Grundlage einer strikten Trennung von Religion und Staat. Diese Trennung ist feste Grundlage der europäischen Demokratien – ein Erbe der Aufklärung des 18. Jahrhunderts. Das bedeutet aber nicht, dass bei uns Staat und Kirche nichts miteinander zu tun hätten. Wo es angebracht ist, vor allem im sozialen Bereich, kooperieren beide auf vielen Gebieten miteinander. So haben die Kirchen durch ihre sozialen Einrichtungen eine starke öffentliche Stellung, während die Religion im politischen Geschäft kaum zu spüren ist. Letztlich aber muss jeder demokratische Staat bemüht sein, das religiöse Leben seiner Bürger zu fördern und dabei Neutralität gegenüber den verschiedenen Religionen zu üben. Diese Religionsneutralität verpflichtet den Staat grundsätzlich dazu, die Freiheit aller Religionen im gleichen Maß zu achten und den demokratischen Dialog zwischen den verschiedenen religiösen Gruppen zu fördern. Bei alldem kann es dem Staat freilich nicht gleichgültig sein, in welchem Verhältnis die einzelnen Religionen zum freiheitlichen Staat mit seiner demokratischen

Grundordnung stehen. Die demokratische Freiheit muss geachtet werden.

In einem Land wie den USA zeigt sich genau an diesem Punkt eine gewisse Gefahr für die Zukunft: Die protestantischen »Evangelikalen« versuchen verstärkt, sich im politischen System so zu verankern, dass echte Herrschaft daraus entstehen kann, und zwar eine, die außerhalb des demokratischen Prozesses steht. Das ist ein gezielter Angriff auf die Wandelbarkeit der Demokratie und die Notwendigkeit regelmäßigen Machtwechsels. Die »Evangelikalen«, die ja glauben, im Besitz göttlichen Wissens zu sein, haben eine ganz präzise Vorstellung von politischer Herrschaft: »Der zivile Herrscher«, so meinen sie, »muss ein Diener Gottes sein … Daher müssen die Zivilregierung unseres Landes, ihre Gesetze, Institutionen und Vorhaben mit den Prinzipien der biblischen Gesetze in Übereinstimmung gebracht werden.« Das ist mehr als nur die Forderung, es müsse die Regierung auf der Basis christlicher Werte handeln. Nein, hier wird im Grunde ein neues Gotteskönigtum angestrebt. Tatsächlich schrieb der »evangelikale« Verfassungsrichter Antonin Scalia im Jahre 2002, die Regierung Bush beziehe »ihre moralische Autorität von Gott. Die Regierung ist ›Gottes Gesandter‹, sie hat die Macht zur ›Rache‹ und darf auch ›das Schwert des Zorns‹ führen.« Das klingt doch sehr nach alttestamentarischem Herrschaftsverständnis. Mit Demokratie hat das nichts mehr zu tun, aber die wollen die »Evangelikalen« auch nicht. Sie träumen von einer religiös motivierten Diktatur. Solche fundamentalistischen Ideen werden allerdings kaum die 215 Jahre alten demokratischen Strukturen der amerikanischen Gesellschaft zu Fall bringen, auf die die meisten US-Bürger sehr stolz sind.

Es ist unbestritten, dass das Christentum ein besonders bedeutsamer Kulturträger der europäischen und amerikanischen Geschichte ist – dies jedoch im Guten wie im Schlechten. Das Christentum war Nährboden für die moderne Idee der gleichen Freiheit aller Menschen, aber ebenso eine Widerstandskraft gegen den gesellschaftlichen Fortschritt. Und so kann die Religion auch heute die solide Grundlage für den freiheitlichen Verfassungsstaat bilden, aber ebenso eine unterschwellige Bedrohung (siehe USA) für ihn bedeuten.

Trotz strikter Trennung von Staat und Kirche suchen demokratische Regierungen und Politiker meistens nach ethischen Gründen für ihre Entscheidungen. Sie wissen, dass die reine Technik des Regierens nicht genügt. Die Politik würde vollkommen entmenschlicht, wenn sie sich von den christlichen Werten ablöste. Eine gottvergessene Politik ist eine Gefahr für die Demokratie, nicht anders als eine gottversessene Politik, die fanatisch den Staat zu einem Werkzeug der Religion machen will.

Seit der Mitte des 18. Jahrhunderts, als die Vernunft zum obersten Prinzip des menschlichen Handelns erklärt wurde, wurzeln Europa und die USA in diesem spannungsreichen Mit- und Gegeneinander von Religion und Politik. Die Kirchen wurden aus der Politik hinausgedrängt, aber das Christliche blieb als geistiges Fundament bewahrt. Und im Grunde können die Kirchen auch froh sein, aus der Politik hinausgedrängt worden zu sein. So können sie sich besser um ihre eigentlichen Aufgaben kümmern – und diese liegen im Glauben und in der Seel-sorge.

Dass die Religion von der Politik abgetrennt wurde, ist schon deshalb zu begrüßen, weil ja Religion und Religiosität nicht aus sich selbst heraus gut sind, wie wir bereits festgestellt haben. Religion kann für alles Mögliche missbraucht werden, gerade auch für eine diktatorische Politik. Andererseits vermag die Religion dem reinen Vernunftdenken auch seine Grenzen aufzuzeigen. Denn ein vernünftiges Leben ist noch lange kein sinnvolles Leben. Und schließlich kann auch die Vernunft missbraucht werden, und das geschieht meist dort, wo sie als einziger Maßstab gilt wie etwa in der Forschung und Technik. Dann widerspricht das kalte Vernunftdenken sehr oft dem Bedürfnis der Menschen nach Sinn, sozialer Wärme und Bindung.

Es geht also um einen Ausgleich von Glauben und Vernunft. Nur so wird der Glaube vor dem Gift des Fanatismus bewahrt und die Vernunft vor dem Gift der Sinnlosigkeit. Religiösen Fundamentalisten ist Vernunft fremd; sie denken nicht über ihre Überzeugungen nach; sie handeln blind und blindwütig. Die Religion darf sich dem Politischen jedoch nicht gänzlich verschließen – das wäre das andere Extrem. Gerade in Zeiten des gesellschaftlichen Wandels oder gar der Revolution muss die Religion eindeutig Stellung beziehen, und zwar ihren ethischen Grundwerten gemäß. Sie muss politisch werden. Das hat zum Beispiel die friedliche Revolution des Jahres 1989 in der ehemaligen DDR gezeigt, bei der die Kirchen eine bedeutende Rolle spielten. Auch in Westdeutschland hat sich vor allem die protestantische Kirche immer wieder im Entfachen von wichtigen gesellschaftlichen Debatten bewährt, die im erstarrten Raum der Politik meist nicht stattfinden. So etwa in den 70er-Jahren die stark religiös motivierte Friedensbewegung. Auch die ursprünglich rein ökologische Bewegung der »Grünen« (Parole »Umweltschutz ist Schöpfungsschutz!«) wäre ohne die protestantischen Kirchentage der 70er-Jahre wohl nicht entstanden.

Vielleicht kann man sogar die These wagen, dass Religion, wenn sie sich selbst ernst nimmt, politisch werden muss. Denn ist nicht im Grunde die ganze Sache der Religion eine politische? Zumindest die Evangelien lassen sich in diese Richtung lesen; sie bieten mit ihrer Lehre vom Gottesreich geradezu eine geistige Wissenschaft vom besten Leben für alle. Frei von jeder Anbindung an den Staat verwirklicht sich die Religion erst im Gestalten der politischen und sozialen Ordnung gemäß ihrer Lehre. Wenn die Religion nur die persönliche Tugend und persönliche Erlösung des Menschen im Auge hat, also das egoistische Seelenheil des Einzelnen, verrät sie ihre wahre Mission, die in den Evangelien deutlich zutage tritt: die Mission, das Gottesreich auf Erden zu errichten. Dieses begründet sich nicht auf äußerem Zwang, sondern auf allgemeinen inneren sittlichen Werten. Diese Werte sind insofern politisch, als sie sich gegen Willkür, Ausbeutung und jede Form von Gewalt wenden und die Liebe als Gottesmacht dagegensetzen. Eine solche von Liebe gestaltete gesellschaftliche Ordnung ist als »politische« Aufgabe der Kirche die Utopie der Menschheit schlechthin.

Warum hat die Religion ein Problem mit der menschlichen Sexualität?

Die Religion an sich hat kein Problem mit der Sexualität. Wenn, dann hat der Mensch ein Problem damit, und das trägt er in die Religion hinein. Doch dabei zeigen sich zwischen den Religionen große Unterschiede. So erfährt zum Beispiel die Sexualität im Hinduismus, der ältesten der Weltreligionen, geradezu eine Heiligung als positive göttliche Kraft, die nicht nur der Fortpflanzung dient, sondern auch der Gotteserfahrung. Der Geschlechtstrieb wird als eine Quelle der Freude und Lust, ja der Seligkeit gepriesen. Er gilt als der bewussteste Trieb des Menschen, da er ganz eng mit der Liebe verknüpft, freilich auch ohne sie möglich ist. Im Hinduismus ist die Sexualität nicht mit Angst besetzt – und das ist ja schon mal was. Wieso auch, wo sie doch als eine der im Weltall wirkenden Lebenskräfte ein Teil der kosmischen Harmonie ist? In der Sexualität bietet sich dem Menschen eine Möglichkeit der Befreiung schöpferischer Energien. Dabei kann es sogar zu einer größeren Empfänglichkeit für höhere Bewusstseinskräfte kommen, wie sie auch im Yoga, diesem indischen Weg der Selbstvervollkommnung, erreicht wird. Das Yoga ist das praktische Übungsmittel im Hinduismus zum Erreichen der Erlösung. Es lehrt Methoden der Meditation, verbunden mit körperlichen Übungen. Auch die Lenkung des Atems spielt dabei eine bedeutende Rolle.

Wie das Yoga, die Askese oder die Gottesliebe, so kann im Hinduismus auch die Sexualität ein Weg zur Erlösung von der endlosen Kette der Wiedergeburten sein. Das erfordert freilich eine besondere Kunst der sexuellen Liebe, wie sie etwa im altindischen Lehrbuch »Kamasutra« dargelegt ist. So vermag die Sexualität letztlich die gleichen Geisteskräfte freizusetzen, die der Asket durch Strenge gegen seinen Körper zu erreichen sucht. Im sexuellen Einssein der Liebenden offenbart sich das kosmische Einssein von allem, was ist.

So weist die alte indische Bildkunst eine Fülle von Darstellungen Liebender auf. Die Liebespaare werden stets im Ausdruck sinnlicher Entrücktheit und geistiger Versenkung gezeigt. Darin kommt der Gedanke zum Ausdruck, dass in der Liebe – und damit ist die sexuelle Liebe gemeint – das kosmische Brahman (das durch nichts bedingte Eine, also »Gott«) mit der menschlichen Seele (Atman) verschmilzt. Der Liebende wird so zum Mystiker, der sich in der Ekstase mit Gott vereint oder zumindest das Gefühl hat, dies zu tun.

Shiva ist jene der drei indischen Hauptgottheiten (Brahma, der Weltschöpfer, Vishnu, der Welterhalter, und Shiva, der Weltzerstörer), in der das Sexuelle als göttlich-kosmische Kraft am stärksten zum Ausdruck kommt. Shiva ist zwar einerseits als göttlicher Asket und Herr aller Yogis gedacht, hat aber andererseits eine sinnliche Gattin (Durga) und trägt als »Zeugungsgott« das Symbol des Phallus (Linga), das in vielen alten Kulturen als Sinnbild der Zeugungskraft gilt und das männliche Glied darstellt. Obwohl Shiva der »Weltzerstörer« genannt wird, steht das Phallussymbol für die Gesamtheit seiner schöpferischen Kräfte, während seiner Durga die weibliche Schöpferkraft zugeordnet wird. Im Zerstören ist Shiva auch Vorbereiter des Neuen, wie in dieser Gottheit ja überhaupt die vielfältigsten widerstreitenden Tendenzen zu spüren sind. Die Sexualität kann ja ähnlich zwiespältig gedeutet werden: als schöpferische Kraft, aber auch als ein Mittel der Unterdrückung (der Frau durch den Mann).

Grundsätzlich sieht der Hinduismus in der Sexualität zwei Energien am Werk, die im Idealfall ineinander aufgehen: eine Energie, die rein körperlich nach außen geht und der physischen Fortpflanzung dient, und eine Energie, die nach innen weist und rein geistiger Natur ist. Im Idealfall geht mit der körperlichen Vereinigung eine seelische Vereinigung einher, was zur Befreiung aller schöpferischen Kräfte im Menschen beitragen kann. In der hinduistischen Schule des Tantrismus, die aus der Verehrung der Vishnu-Gattin Durga entstanden ist, werden Frau und Mann ohnehin nicht mehr als Gegensätze betrachtet. Vielmehr sind sie in der Lage, vor allem durch die sexuelle Vereinigung eine vollkommene »Wiedervereinigung« herzustellen – und damit im ursprünglichen ungeteilten Einen aufzugehen.

Auch im Buddhismus hat diese Lehre in der sogenannten Vadjrajana-Schule (»Diamant-Fahrzeug«) ihren Niederschlag gefunden, freilich erst im 6. Jahrhundert n. Chr. Vom Hinduismus übernahm diese Schule auch den Shaktismus; dieser vertritt die Anschauung, dass dem weiblichen Prinzip sowohl im ganzen Universum als auch im Leben jedes einzelnen Menschen eine herausragende Bedeutung zukommt. In der sexuellen Vereinigung mit einer geweihten Frau könne der Mann sein Einssein mit der ewigen Weltkraft erfahren – eine Art Vor-Erlösung.

Auch im frühen Islam wurden Sexualität und Erotik als göttliche Mächte gepriesen. Entsprechend bietet die frühe islamische Literatur eine Fülle erotischer Texte, die in einem eigenartigen Kontrast stehen zur tabuisierten Sexualität im heutigen Islam. Aber vielleicht sollte man Erotik mit Sexualität nicht in eins setzen. Tabuisierte Sexualität schließt ja Erotik nicht aus, im Gegenteil: Sie kann dadurch erst recht intensiviert werden. Auch die islamische Mystik, der Sufismus, ist ein einziges großes Bekenntnis zur körperlichen Liebe. Die Liebe des Mannes zur Frau – und, was so nicht gesagt wird, die Liebe der Frau zum Mann – ist eins mit der Liebe zu Allah. Die Schönheit der Frau wird als Abglanz des Göttlichen gesehen, als Spiegel, in dem sich die Schönheit Allahs bricht. Da stellt sich natürlich sofort die Frage, ob denn alle Frauen schön sind. Diese Frage wollen wir hier aber nicht weiterverfolgen.

Unter den Kalifen, den Nachfolgern des Propheten Mohammed, entwickelte sich der Kult des Eros zu seiner höchsten Form, wie wir sie in der erotischen Atmosphäre von »Tausendundeiner Nacht« nachempfinden können. Am Hof der Abbasiden-Kalifen (in Bagdad zwischen 750 und 1258) wurden regelrechte Liebesfeste gefeiert. Berühmt dafür war vor allem die Hofhaltung des Kalifen Harun ar-Rashid (765–809), die für die Abendländer mit ihrem asketischen Christentum zum Inbegriff einer märchenhaften, erotisch-geistigen Kultur wurde. Eine solche Lebensführung stand durchaus nicht im Gegensatz zur

Lebensweise des Propheten, der selbst den Reizen schöner Frauen verfallen war. Mohammed hatte elf Ehefrauen und unzählige Geliebte. Das gilt allerdings nur für den zweiten Lebensabschnitt des Propheten; im ersten gab er als Ehemann das Beispiel, mit dem der hohe Wert, den die Ehe im Islam genießt, begründet wurde. Denn mit seiner ersten Frau Chadidscha, die bereits 40 Jahre alt war, als Mohammed sie als 25-Jähriger heiratete, führte der Prophet ein harmonisches Eheleben. Wenn man den Berichten glauben darf, blieb er ihr, die ungefähr 65-jährig starb, bis zu ihrem Tod treu. Danach aber war Mohammeds erotisches Temperament wie entfesselt. Sein Verhältnis zu den Frauen blieb dennoch zwiespältig: Er preist und schmäht sie gleichermaßen. »Die Frau«, so meint der Prophet in den Hadithen, den Aussprüchen Mohammeds, »verkörpert in ihrer Gesamtheit das Geschlechtliche.« Von der Geschlechtlichkeit des Mannes sagt er nichts, so als gäbe es sie gar nicht. Dabei wusste schon der islamische Religionsphilosoph al-Ghazali (1058–1111), dass »die Araber von Natur aus sehr sinnlich veranlagt sind« – die Frommen mit eingeschlossen.

Die Sexualität ist im islamischen Verständnis etwas Schönes und Gutes, ein »gottgefälliges Werk«, in welchem sich der Schöpfungsakt widerspiegelt. Sie dient dabei nicht nur der Fortpflanzung, sondern sie soll mit der Lust, die sie hervorruft, die Paradieseswonnen vorwegnehmen. Im Islam ist das Paradies ohnehin ein ewiger Lustgarten – für den Mann, muss man hinzufügen. Spätestens an diesem Punkt beginnt man zu ahnen, dass der Islam doch ein Problem mit der Sexualität hat, der weiblichen nämlich –

weil er, wie alle Religionen, ein Problem mit den Frauen hat.

Was der Prophet mit seinen vielen Frauen und Geliebten vorlebte, sollte allerdings nicht als Vorbild für die Männer seines Volks gelten. Ihnen gestand der Prophet höchstens vier Frauen zu, aber keine Geliebten. So wird die Sexualität im Islam grundsätzlich als etwas angesehen, was allein in der Ehe gelebt werden darf. Ob alle muslimischen Männer sich daran halten, ist eine andere Frage. Im islamischen Verständnis – und dem vieler Religionen – ist die weibliche Sexualität eine Macht, die im Mann Chaos und Verwirrung zu stiften vermag. Sie werde von den Frauen zum Zweck der Verführung eingesetzt, und diese sei eine Gefahr für den Mann, da er dieser Verführungsmacht wegen seiner eigenen starken Triebhaftigkeit hilflos ausgeliefert sei. Um die besonders triebhaft veranlagte männliche Natur vor der Verführungsmacht der Frau zu schützen, sind dem Mann, laut Koran, die schon erwähnten vier Ehefrauen erlaubt. Und diese haben ihrem Gatten jederzeit sexuell zur Verfügung zu stehen, andernfalls »werden die Engel sie ... verfluchen«. Da die Frau – nach Mohammeds Meinung – das Geschlechtliche verkörpert, ist sie nach orthodoxem islamischen Verständnis für die Lust und den Genuss des Mannes geschaffen worden und zum Gebären der Kinder. In der 233. Sure des Korans, Vers 2, liest man: »Eure Frauen sind für euch (wie) ein Feld (das ihr bestellt). Darum kommt zu eurem Feld, wann und wie ihr wollt.« Doch auch der Mann ist verpflichtet, seine Ehefrau sexuell zu befriedigen, denn eine unbefriedigte Frau ist in der Vorstellungswelt muslimischer Männer gefährlicher als der Teufel selbst.

Damit wird eines klar: Mithilfe der Religion wird die Sexualität, vor allem die der Frau, kontrolliert und kanalisiert. Sie kann dabei durchaus als positiv, ja als Gotteswerk angesehen werden, aber nur innerhalb der von der Religion festgelegten Normen. Außerhalb der Ehe ist sie Teufelswerk oder, mit den Worten des Propheten: »Wenn ein Weib den Raum betritt, so ist es, als ob der Teufel einträte ...« In der islamischen Welt gibt es noch heute die geläufige Redensart, wonach immer der Teufel im Bunde sei, sobald ein Mann und eine Frau alleine zusammen sind – ohne miteinander verheiratet zu sein.

Im Islam wird also die Ehe zu einer Art Schutzschild gegen weibliche »Unzucht« und Verführungsmacht. Das Problem mit der Verwirrung und Unruhe stiftenden Sexualität wird auf Kosten der Frau gelöst: durch Überwachung ihrer Sexualität. In vorislamischer Zeit hatten die arabischen Frauen ihre Sexualität wohl sehr freizügig ausgelebt; es gab die unterschiedlichsten Formen des freien Zusammenlebens der Geschlechter, etwa in einer sogenannten Genussehe (arabisch: »mut'a«), in der Mann und Frau für eine gewisse, nicht festgelegte Zeit zusammenblieben. Viele Frauen hatten gleichzeitig mit mehreren Männern eine sexuelle Beziehung. Mit diesen »heidnischen« Sitten ging der Islam streng ins Gericht. Ihm erschienen die sexuelle Macht und die Freiheiten der Frau als eine Gefahr für die islamische Gesellschaft. So wurde die Ehe, die den Mann gegenüber der Frau absolut bevorzugt, zum Ausdruck der männlichen Herrschaft über die

Frau. Sie führte zur absoluten Verfügungsgewalt des einen Geschlechts über das andere, die Mohammed als Gottes heiligsten Willen predigte.

Im Islam wird die Sexualität zwischen Frau und Mann in äußerst ungerechter Weise zugunsten des Mannes reglementiert. Es wird so getan, als seien die Männer nur Opfer weiblicher Verführung. Dabei sind die Männer, wie jeder Mann weiß, vor allem Opfer ihrer eigenen Triebhaftigkeit. Weil der Mann fast ständig an Sex denkt, muss die Frau sich verhüllen, damit der Mann nicht gänzlich den Verstand verliert.

So drängt sich doch der Verdacht auf, dass das Problem der meisten Religionen mit der Sexualität zuerst einmal ein Problem der Männer mit der eigenen Sexualität ist. So wird im öffentlichen Raum die erotische Ausstrahlung von Frauen erst dadurch zum Problem, dass der Blick des Mannes geradezu automatisch zum begehrlichen Blick wird. Denn wäre es kein rein männliches Problem, so müssten ja umgekehrt auch die Frauen vor der erotischen Ausstrahlung von Männern – mit der es zugegeben nicht so weit her ist – geschützt werden. Das heißt, auch die Männer müssten ihre Körperformen verhüllen, um nicht die weibliche Begierde zu entfachen, die den (»teuflischen«) Frauen ja unterstellt wird. In der 33. Sure des Korans, Vers 59, ist zu lesen: »Oh Prophet, sag deinen Frauen, deinen Töchtern und den Frauen der Gläubigen, sie sollen etwas von ihren Überwürfen (Dschilbab) auf sich herabziehen. So werden sie eher (als Musliminnen) erkannt und nicht belästigt.« Mit anderen Worten: Der muslimische Mann ist durchaus geneigt, Frauen zu belästigen –

und eine Frau, die ihre Körperformen nicht gänzlich verhüllt, darf auch belästigt werden. Damit wird dem Mann bescheinigt, dass er zur Selbstbeherrschung nicht in der Lage ist. Die »satanischen Begierden«, zu denen die Frau ihn angeblich verführt, sind seine eigenen. Wenn dem so ist, dann wäre es nur konsequent – und dabei gerechter –, wenn sich die muslimischen Männer den Schleier der Frauen als Augenbinde um den Kopf wickelten. (Beim Stichwort »Schleier« ist anzumerken, dass dieser keine Erfindung des Islam ist; er geht auf vorislamische Moden der vornehmen städtischen Frauen von Byzanz und Persien zurück. Schon daran sieht man, dass der Schleier nicht unbedingt ein Symbol für die Unterdrückung der Frau im Islam sein muss. Schleier waren auch bei der modernen westlichen Damenwelt eine Zeit lang in Mode. Der Schleier wird erst innerhalb einer strengen, von Männern beherrschten Gesellschaft zum Unterdrückungsmittel. Denn jede nicht verschleierte Frau darf so vom Mann zum Sexualobjekt degradiert werden.)

Man sollte nun nicht meinen, dass die Sexualität – und damit ist, wie schon mehrmals betont, vor allem die weibliche gemeint – nur für den Islam ein Problem darstellt. In dieser Hinsicht steht diese Religion nämlich ganz in der jüdisch-christlichen Tradition. Im sogenannten Sündenfall, von dem die Bibel erzählt, wird der geistige Grundstein für die Feindseligkeit gegenüber der Frau gelegt, die bis heute in allen drei monotheistischen Religionen zu spüren ist – und in allen anderen Religionen auch. Die Bibel erzählt, wie Eva ihren Adam mit einem Apfel vom verbotenen Baum der Erkenntnis verführt, und mit »Erkenntnis« ist hier auch das »sexuelle Erkennen« gemeint: »Da wurden ihrer beider Augen aufgetan, und sie wurden gewahr, dass sie nackt waren, und flochten Feigenblätter zusammen und machten sich Schürze.« Auf gut Deutsch: Sie schliefen miteinander und schämten sich danach zum ersten Mal für ihre Nacktheit. Eva, genauer: ihr nackter Körper, erscheint dabei als Werkzeug Satans (in Gestalt der Schlange), was dazu führen wird, dass fortan die Frau selbst als (teuflische) Schlange gilt.

Die Sexualität wird als die tierhafte Seite im Menschen abgelehnt. Und mit der Sexualität wird auch gleich der Körper als solcher verneint. Das Abbild Gottes soll sich nicht wie ein Tier benehmen. Allerdings muss man sich dann fragen, wieso Gott den Menschen als Mann und Frau schuf, sie auch als solche segnete und ihnen befahl: »Seid fruchtbar und mehrt euch!« Und das geht nun mal nicht ohne Sexualität. Doch bis zur Szene mit Satan unterm Baum der Erkenntnis dachten Adam und Eva nicht daran, sich zu vermehren; sie sahen einander gar nicht als zwei Geschlechter. Erst der Biss in den Apfel öffnete ihnen die Augen dafür. Der Biss in den Apfel war der Biss ins Sexuelle.

Die Sexualität wird besonders im Katholizismus zum Problem, weil der Mensch sie mit dem Tier gemeinsam hat – und das Tier (über die Schlange) negativ gesehen wird. Der Katholizismus mag die Tiere nicht. Aber den christlichen Tierhass werden wir in einem eigenen Kapitel behandeln. Irgendwie hat man beim Christentum das Gefühl, dass die Geschlechtlichkeit, eben weil sie tierisches Erbe ist, einem wahrhaft christlichen Leben im Wege steht. Sie wird deshalb als böse und gottlos abgetan. Als gottgefällig gilt der Kampf gegen sie, ja überhaupt der Kampf gegen die Macht des Fleisches, gegen alles Vergängliche. Die als unsterblich aufgefasste Seele wird dem Fleisch entgegengesetzt — und dabei wird übersehen, dass sich die Seele selbst mit dem Fleisch verbindet. Der Gedanke einer »beseelten Geschlechtlichkeit« zwischen Mann und Frau — also das, was man Liebe nennt — ist zwar in der christlichen Theologie vorhanden, aber es wurde von der Kirche stets betont, dass die Sexualität das Niedere sei — und für sich allein schlecht. Erst durch die Gottesliebe (Agape) werde sie über sich hinausgeführt. Eros (geschlechtliche Liebe) werde erst durch Agape zu etwas Menschlichem, das sich vom Tierischen abhebe. Als dritte Form der Liebe müsse schließlich noch die Caritas hinzutreten, die tätige Liebe, die Solidarität. Für sich allein gehöre die Sexualität in die Schattenwelt des Schmutzigen, ja Bösen.

Und so führt auch die Frau von der ersten Seite der Bibel an ein Schattendasein, das sie bis heute in den Religionen nicht losgeworden ist. Logischerweise kann dann auch der Bund Gottes mit seinem auserwählten jüdischen Volk nur ein reiner Männerbund sein. Dieser Bund wird mit der Beschneidung der Knaben besiegelt. Mit den Frauen wird kein symbolhafter Bund geschlossen. Ein Pech auch für die christlichen Frauen, dass der Apostel Paulus, der eigentliche Begründer des Christentums als neuer Religion, ein Frauenhasser und Kritiker des Fleischlichen war, während man bei Jesus eine solche Tendenz nirgendwo in den Evangelien spürt. Der frauenfeindliche Paulus prägte nicht nur das negative christliche Frauenbild, sondern auch das des Islam, der ja tiefer von der jüdisch-christlichen Tradition beeinflusst ist, als man gemeinhin denkt.

Für den Apostel Paulus galt die Freiheit eines Christenmenschen nur für die »Herren der Schöpfung«. Für ihn waren die »Weiber« nach dem Willen Gottes »untertan ihren Männern als dem Herrn. Denn der Mann ist des Weibes Haupt, gleich wie auch Christus das Haupt ist der Gemeinde.« Auf diesem geistigen Boden konnte im Spätmittelalter der Ungeist des Hexenwahns gedeihen, in welchem der christliche Frauenhass buchstäblich mörderisch wurde. In der »Hexe« wurde die selbstbewusste, sozial unangepasste, nach Wissen, Freiheit und Selbstbestimmung strebende Frau verfolgt. Sie wurde wie Eva als Gefährtin des Teufels gedeutet, wobei die uralte Angst des Mannes vor der weiblichen Sexualität eine entscheidende Rolle gespielt haben dürfte. Erotisch anziehende (rothaarige) Frauen liefen leicht Gefahr, als Hexen verfolgt zu werden, sobald sie ein freizügiges Leben führten und der Ehe entsagten.

Religionen, die sich Gott männlich denken, haben mit dem Weiblichen von Haus aus ein Problem; sie müssen es als ständige Provokation ihres männlichen Gottes zurückweisen und verdrängen. So ist die Verdrängung des Weiblichen in den Religionen auch als Verdrängung der weiblichen Seite im Göttlichen zu verstehen.

Eine gewisse Ausnahme bildet in diesem Zusammenhang das Nonnentum, wobei sich die christliche Nonne als geistige Braut Christi versteht. Dadurch wird das Nonnentum mit einer unterschwelligen, aber durchaus leidenschaftlichen Erotik aufgeladen. Die Literatur berühmter Nonnen ist voll von erotischen und verhüllt sexuellen Bildern.

Die einzigen Wesen, die es in der Religion geschafft haben, irgendwie weiblich zu sein, ohne Frauen zu sein, sind die Engel. In der christlichen Engeldarstellung hat die weibliche Sexualität endlich ihre Ruhe gefunden. Die weibliche Seite Gottes schwirrt gleichsam in Engelsgestalt um den Himmelsthron.

Wer meint, die Sexualität sei für das moderne Christentum kein Problem mehr, der irrt. Im Katholizismus und in der orthodoxen Kirche hat sie immer noch den Ruch des Sündigen. Sie darf überhaupt nur innerhalb des Sakraments der Ehe gelebt werden. Das ist immerhin erstaunlich, denn auch innerhalb der Ehe bleibt die Sexualität ja das, was sie ist: das Geschlechtliche eben. Allein in der Ehe, so behauptet etwa die katholische Kirche, sei das Geschlechtliche mehr als nur reine Sexualität. Im Geschlechtlichen erkennen sich Mann und Frau in ihrem tiefsten Wesen, aber nur wenn die Sexualität »zum Kind hin, der Frucht ihrer Hingabe«, gelebt wird. Doch die Kirche müsste wissen, dass man das auch ohne Ehe kann. Die Sexualität um ihrer selbst willen verwirft die katholische Kirche bis heute – auch in der Ehe! –, weshalb sie alle künstlichen Verhütungsmittel strikt ablehnt. Diese Sicht geht vollkommen an der Lebenswirklichkeit junger Menschen des 21. Jahrhunderts vorbei. Immerhin wird das inzwischen auch in höheren Kreisen der katholischen Kirche erkannt; es regt sich immer stärker ein innerkirchlicher Widerstand gegen diese weltfremde Sexualmoral mit ihrer

Verdammung künstlicher Verhütung und außerehelicher Sexualität. Die Kirche läuft Gefahr, in einem wichtigen Bereich des menschlichen Lebens nicht mehr ernst genommen zu werden. Das Verbot von Kondomen oder der Pille verstößt ganz einfach gegen den gesunden Menschenverstand. Damit wächst nur die Entfremdung zwischen Kirche und Gesellschaft.

Wo ist der Platz der Tiere
in den Religionen?

Wer sagt eigentlich, dass die Tiere — und auch die Pflanzen — Gott nicht viel näher sind als der Mensch? Im Christentum wird eine solche Frage erst gar nicht gestellt, denn der Christ hält sich selbst für das Ebenbild Gottes. Andere Religionen sehen das anders. In der Wiedergeburtslehre der östlichen Religionen ist die Seele von Leben zu Leben an alle möglichen Körper gebunden, an menschliche, tierische oder pflanzliche. Davon rührt der Respekt, der im Hinduismus und Buddhismus den Tieren entgegengebracht wird. Schließlich könnte es ja sein, dass im nächsten Leben die eigene Seele im Körper eines Tieres zu Hause sein wird.

Auch in den alten heidnischen Religionen nahm das Tier einen hohen Rang ein. In ihm sah der Mensch seinen eigenen Bruder und Ahnen. Schließlich lebte der Mensch in früher Zeit selbst noch in vieler Hinsicht wie ein Tier, indem er etwa in Höhlen hauste. So beginnen zum Beispiel die alten Märchen der Eskimos mit der immer gleichen Wendung: »Es geschah zu der Zeit, als man bald Mensch, bald Tier war.« Der Mensch der Vorzeit erlebte die Natur als einen heiligen Raum, der von heiligen Lebewesen bewohnt wurde, von denen der Mensch nur eines unter vielen war. Jeder Eingriff in die Natur wurde so zur kultischen Handlung. Das galt vor allem für die

Tötung eines Tiers. Der heilige Kult sollte die verübte Naturverletzung wieder heilen. Bestimmte Tiere, die in einem engen Lebenszusammenhang mit den Menschen standen, wurden ganz besonders verehrt. Ganz oben in der Verehrung standen die sogenannten Totemtiere; sie durften nur unter bestimmten Voraussetzungen getötet und gegessen werden. Das Totemtier war, mehr als alle anderen heiligen Tiere, mit heiliger Kraft »aufgeladen«.

Der Totemkult ist eine Vorform des Götterglaubens und das Totemmahl somit eine Vorform des Götteropfers. So wurde noch in den Hochkulturen, etwa im alten Ägypten, zwischen der Opferung eines Tiers und der eines Menschen nicht unterschieden. Doch mit der Zähmung von Tieren und dem Entstehen der Viehzucht wurde die uralte Macht des Totemkults gebrochen. Die alten Dämonen in Tiergestalt wichen Göttern mit menschlichem Antlitz und menschlichen Eigenschaften. So wurden im alten Ägypten zwar weiterhin Tiere als Gottheiten verehrt, doch deren Gestalt war schon menschlich, und nur das Haupt blieb das eines Tiers. Augenscheinlicher wäre der Übergang vom Tier- zum Menschengott nicht darzustellen. So führte der Weg fast geradlinig vom heiligen Tier über den heiligen Tiergott zum heiligen Menschengott, wie ihn bereits der ägyptische König (Pharao) verkörperte.

In der Antike schreitet die Vermenschlichung der Götter weiter voran. Das Tier löst sich von den Götterfiguren ab und wird den menschlichen Göttern als heiliges Tier zur Seite gestellt. Mit der Zeit wird es seine kultische Bedeutung mehr und mehr einbüßen. In der antiken griechischen Philosophie wird die Beziehung Mensch – Tier neu definiert. Der Philosoph Platon (427 v. Chr. – 347 v. Chr.) entgöttlichte die Tiere endgültig, stellte sie dabei aber gleichwertig dem Menschen zur Seite. In ihren Gaben und Fähigkeiten sah er sie freilich unter dem Menschen stehend. Doch der Mensch ist für Platon selbst nur ein besonders begabtes Tier unter Tieren: Die Tiere sind einfach nur das, was sie sind, die Menschen sind das, was sie erstreben.

Die jüdisch-christliche Tradition setzt dieses Verhältnis fort und verschärft es. Der Sündenfall des Menschen kommt die Tiere teurer zu stehen als die Menschen. Sie werden nicht nur unverdientermaßen aus dem Paradies vertrieben, sondern müssen sich fortan gegenseitig zum Fraß dienen. Im Paradies hatten sie friedlich nebeneinander dahingelebt; auch ein Löwe ernährte sich von den Früchten der Bäume und Sträucher des Gartens Eden. Der Mensch, obwohl schuld an der Zerstörung des paradiesischen Glücks, erhält von Gott den Auftrag, sich fortan die Natur – und damit auch die Tiere – untertan zu machen. Womit? Mit Gewalt, was sonst! Zwar verbietet Gott zuerst dem Menschen, Tiere zu töten und aufzuessen, doch nach der Sintflut erlaubt er dem Menschen auf einmal das Essen von Fleisch. »Alle Tiere«, so liest man in der Bibel, »werden sich vor euch fürchten müssen: Landtiere, Wassertiere und Vögel. Ich gebe sie in eure Gewalt … Alle Tiere gebe ich euch als Nahrung.« Das verwundert auch nicht. Gott selbst liebt das Tierfleisch als Opfergabe.

Bezeichnend, dass das einzige Buch der Bibel, das den

Tieren eine gleichwertige Stellung neben dem Menschen einräumt – gemeint ist das alttestamentliche Buch »Kohelet«, auch »Prediger Salomonis« genannt –, nicht zu den Gesetzesbüchern der Bibel gehört, sondern nur zur Erbauungsliteratur. Das Buch »Kohelet« zeigt eine ganz unbiblische Nähe zum Tier; es mutet geradezu buddhistisch an. Was darin zum Ausdruck kommt, ist ein geistiger Grundstrom, der sich durch alle großen Religionen des Ostens zieht. In ihm erscheint der Mensch nur als Teil eines großen kosmischen Kreislaufs, dessen Sinn unergründlich bleibt. Der Mensch steht nicht über dem Tier, denn das Grundlegende hat er mit ihm gemein: geboren zu werden und sterben zu müssen. Doch in der jüdisch-christlichen Tradition haben die Weisheitslehren Salomos, aus denen eine große Nähe und Liebe zu den Tieren spricht, kaum einen Nachhall gefunden. Sie stehen fast schon wie ein Fremdkörper in der Bibel.

Umso erstaunlicher, dass es eine uralte jüdische Tierschutztradition gibt, die im Kern aus zwei Verboten besteht: dem Verbot der Tierquälerei und dem Verbot, Tiere sinnlos zu vernichten. Hinzu kommt noch das Gebot, es solle zuerst das in der Obhut des Menschen befindliche Tier fressen, bevor sein Besitzer sich an den Tisch setzt. Die europäische Idee der Tierrechte stammt also aus dem Judentum. Großen Wert legt man im Judentum bis heute darauf, dass das Töten eines Tiers kurz und schmerzlos geschieht. Das Schächten, also die mit einem einzigen schnellen Schnitt ausgeführte Tötung eines Tiers, ist kein altertümliches Opferritual, sondern eine dem Tierschutz verpflichtete Art des Tötens. Deshalb darf es, anders als im

Islam, nur von einem darin ausgebildeten »Schochet« ausgeführt werden; dieser muss sogar eine rabbinische Ausbildung haben und »charakterlich dafür geeignet sein«.
Hingegen darf das muslimische Schächten von jedermann
ausgeführt werden, was oft zu grausigen Tiermisshand-
lungen durch ungeübte Laienschächter mit dafür ungeeig-
neten Messern führt. Die jüdische Rücksicht auf das Tier
rührt davon, dass den Tieren, anders als im Christentum,
eine Seele und ein Bewusstsein zugesprochen werden.

Das Lamm als Christussymbol – gemeint ist das »Lamm
Gottes«, das sich für die Menschheit opfert – hat das
Christentum nicht davor bewahrt, zu den Tieren von Anbeginn eine gleichgültige, schließlich sogar negative Ein-
stellung zu entwickeln. In den Evangelien spielen Tiere
so gut wie keine Rolle. Wenn dort von einem Tier die
Rede ist, dann steht es zu Jesus in einem bloßen Nut-
zungsverhältnis: Er isst es, oder er reitet auf ihm. Sonst
taucht das Tier nur noch in Sprichwörtern und Gleich-
nissen Jesu auf. Dass sich Jesus für ein Tier des Tieres
wegen eingesetzt hätte, dafür gibt es in den Evangelien
keinen Beleg. Jesus ging es ausschließlich um den Menschen. Der Blick Jesu, so tief er auch das Menschsein
erfasst hat, war, was die Welt und die Natur betrifft, doch
ziemlich eng.

Weil das Grundanliegen des Christentums der Mensch
ist – denn nur er ist zum Glauben an Gott fähig –, muss es
auch gar nicht verwundern, dass das Tier in dieser Religion als Subjekt des Religiösen nicht vorkommt. Und
weil es nicht um das Tier geht, geht es letztlich auch nicht
um die Schöpfung als etwas, was geheiligt werden muss.

Aus diesem Grund hat das Christentum bis heute keine wirksame moralische Kraft zur Bewahrung der Schöpfung hervorgebracht. Für Natur- und Umweltschutz haben zum Beispiel die protestantischen Eiferer in den USA gar nichts übrig. Aber in den anderen großen Religionen sieht es nicht anders aus. In die Liebe zu Gott ist erstaunlicherweise die Liebe zu seiner Schöpfung nicht eingeschlossen.

Die christliche Gleichgültigkeit gegenüber den Tieren gipfelt in der Auffassung, dass die Tiere keine Seele haben, oder genauer: Der Mensch hat eine unsterbliche Seele, während die Seele des Tiers mit dessen Körper vergeht. Tatsächlich wird von Pfarrern im katholischen Religionsunterricht noch immer gelehrt, dass Tiere nichts anderes als Dinge seien. Wo doch jedes Kind spürt, dass ein Tier kein Ding ist, sondern ein Lebewesen. Kleine Kinder empfinden einen Hund oder eine Katze ohnehin als ihresgleichen.

Aber das seelenlose Tier lässt sich nun mal besser vom Himmel fernhalten. Das christliche Jenseits ist von Tierseelen frei. Das hat nebenbei auch den Vorteil, dass die Qualen, die der Mensch den Tieren zufügt, nicht zum christlichen Himmel schreien. Aber was muss das für ein langweiliges Jenseits sein – ohne die Seelen der Tiere! Ja, man sollte bei Gott vielleicht mal anfragen, ob nicht auch die Pflanzenseelen ein Anrecht aufs Paradies haben. Denn ein Paradies ohne Baum- und Blumenseelen stelle ich mir sehr öde vor. Nein, Mitgefühl mit der leidenden Kreatur galt im Christentum sogar lange Zeit als ein zutiefst ketzerisches Gefühl. Denn es erschien wider die christliche

Ordnung, dass sich das Tier als dinghafte Natursache überhaupt zu leiden erlaubt.

Gewiss wurde im Christentum die Bruder- und Schwesterschaft zu den Tieren immer unterschwellig gespürt, jedoch als etwas, was den Menschen in tiefster Seele verwirrte und verunsicherte. Denn diese Verwandtschaft ist nicht nur eine des Lebens, sondern auch des gemeinsamen Todes. Vielleicht nimmt der Christ den Tieren auch unbewusst übel – oder neidet ihnen –, dass sie sich über ihre Sterblichkeit keine Gedanken machen und also auch keine Angst vor dem Tod haben. Die Tiere besitzen, was der Christ gerne hätte: Freiheit von der Angst, sterben zu müssen. Das alles rechtfertigt nicht die unsägliche Verachtung, mit der im Christentum auf die Tiere geblickt wurde, die angeblich keine Seele haben.

Tief hat sich die Verachtung der Tiere in die menschliche Sprache hineingefressen. Während das »Menschliche« identisch ist mit dem Guten, ist mit »tierisch« das Böse (im Menschen) gemeint. Das Wort »tierlich« gibt es erst gar nicht. Als »tierisch, viehisch, bestialisch« wird ein Mensch bezeichnet, der absolut menschenverachtend die schlimmsten Verbrechen begeht bis hin zum Massenmord.

Noch heute kann man die grobe Regel aufstellen, dass es den Tieren im christlichen Europa umso schlechter ergeht, je weiter südlich sie auf diesem Kontinent zu Hause sind. Die erbärmlichsten Hunde findet man in spanischen oder italienischen Dörfern und Städten, ebenso die dürrsten Katzenmütter mit den hoffnungslosesten Jungen. Zoos in diesen Ländern, ebenso in Frankreich, sollte man unbedingt meiden, will man auf seiner Reise nicht in tiefste Depression stürzen. In Spanien weiß man oft gar nicht mehr, wo man hinschauen soll, um keine Tierquälerei mit ansehen zu müssen. Dazu bedarf es keines Besuchs der Stierkampfarena. Nie mehr vergessen werde ich den Esel, der bei sengender Hitze eng angepflockt, kilometerweit von einem Schatten entfernt, auf einem Stoppelfeld stand – von Gott, den Menschen, der ganzen Welt verlassen. Im Zentrum der Weltstadt Barcelona sah ich Kinder, die sich unter dem Gelächter der Erwachsenen ein Vergnügen daraus machten, Tauben mit Futter anzulocken, sie dann zu packen und ihnen die Schwanzfedern auszureißen. Das alles im Schatten von Antonio Gaudis grandioser Kathedrale »Sagrada Familia« (Heilige Familie).

In den Dunstkreis der Heiligen Familie gehören zwar Ochs und Esel und die Hirten mit ihren Schafen, aber das war's dann auch schon. In der religiösen Bilderwelt des Christentums erscheinen Tiere nur als Beiwerk. So wurden sie auch weitgehend aus den christlichen Sakralbauten verbannt. An den Außenfassaden der gotischen Dome tummeln sie sich als groteske Mischwesen. Mit den Tieren wurden symbolhaft die tierhaften Triebe im Menschen vor die Kirchentür gesetzt: Wir müssen draußen bleiben!

Martin Luthers reformatorische Kühnheit bestand nicht zuletzt in seiner Überzeugung, »dass auch Hündlein und Belferlein in den Himmel kommen und dass jede Kreatur eine unsterbliche Seele hat«. Letztlich liegt in diesem einen Satz die Tatsache begründet, dass es im nördlichen, protestantischen Europa den Tieren von jeher besser ging als im katholischen Süden. Nicht zufällig ist die europäische Tierschutzbewegung eine englische Erfindung.

In den Religionen des Ostens wurde das Verhältnis des Menschen zum Tier, anders als im Christentum, auf die Grundlage einer existenziellen Gleichheit gestellt. Dort sind Mensch und Tier gleichermaßen erlösungsbedürftig. Alle Kreatur ist verbrüdert durch das Faktum des Leidens: Alles Dasein ist Leid, weil alles Dasein Gier nach noch mehr Dasein ist. So wird der Buddhist, der seine Daseinsgier durch vollkommene innere Ruhe zu brechen versucht, ganz von selbst ein Freund und Beschützer all jener Wesen sein, in denen nichts anderes als Lebensgier am Werk ist. Diese höchst philosophische Religion hat mit voller Absicht der Natur und dem Leben gegenüber die Augen und das Herz geöffnet. Ähnliches gilt für den Hinduismus.

Während zum Beispiel das jüdisch-christliche Gebot »Du sollst nicht morden« von Anfang an als ein »Du sollst nicht Menschen morden« verstanden wurde, hat das buddhistische Gebot »Du sollst kein lebendes Wesen töten« ganz selbstverständlich die Tiere – und sogar die Pflanzen – mit einbezogen. Hierzu schrieb Hermann Oldenberg (1854–1920) in seinem grundlegenden Buch über Buddha: »Bis zu welchem Extrem der Buddhismus die Rücksicht auf das Leben auch des kleinsten Tieres zu treiben gebietet, ist bekannt. Zahlreichen Vorschriften für das tägliche Leben der Mönche liegt diese Rücksicht zugrunde. Wasser, in dem animalisches Leben irgendwelcher Art enthalten ist, darf ein Mönch nicht trinken und es ebenso wenig auf Gras oder Lehm ausgießen (...). Als Mönche sich seidene

185

Decken zu verschaffen suchen, murren die Seidenweber und sprechen: ›Unser Unglück ist es, unser Missgeschick ist es, dass wir um des Lebensunterhalts willen, um unser Weiber und Kinder willen viele kleine Tiere töten müssen.‹ Und Buddha verbietet den Mönchen mit Rücksicht hierauf den Gebrauch seidener Decken …«

Sehr eindringlich schildert Heinrich Harrer (1912– 2006) in seinem berühmten Buch »Sieben Jahre in Tibet« diese allgemeine Rücksicht auf die Tiere – und mit »Tier« ist nicht nur das große Säugetier gemeint: »Schon nach kurzem Aufenthalt war es mir nicht mehr möglich, gedankenlos eine Fliege zu töten. Und in Gesellschaft eines Tibeters hätte ich nie gewagt, nach einem Insekt zu schlagen, nur weil es mir lästig war. Man ist rührend in dieser Beziehung. Krabbelt bei einem Picknick eine Ameise an jemandem hoch, so wird sie zärtlich genommen und fortgetragen. Wenn eine Fliege in die Teetasse fällt, ist das eine kleine Katastrophe. Sie wird vor dem Ertrinken gerettet, denn sie könnte ja die Wiedergeburt der verstorbenen Großmutter sein. Immer und überall ist man bemüht, solche Seelen- und Lebensrettungen durchzuführen. (…) Je mehr Leben man rettet, desto glücklicher ist man. Diese zarte Verbundenheit mit aller Kreatur ist ein wahrhaft rührender Zug der Seele dieses Volkes.« Freilich darf man eines nicht übersehen, was auch Harrer nebenbei im witzigen Tonfall bemerkt: dass die Rücksicht auf das Tier im Grunde auch wieder nur Rücksicht auf den Menschen ist, der ja im nächsten Leben selbst als Tier wiedergeboren werden kann. In jeder Tierseele verbirgt sich auch eine Menschenseele. Aber das allein ist es nicht. Zum Ausdruck kommt auch eine große Bescheidenheit des Menschen der Schöpfung gegenüber.

Und wie steht es mit der Tierliebe im Islam, der jüngsten der großen Weltreligionen? Nun, es steht wohl grundsätzlich besser damit als im Christentum, was einfach darin begründet ist, dass in den heiligen Schriften des Islam ein positives Verhältnis zur Kreatur zu spüren ist. Entscheidend dabei ist, wie der Prophet Mohammed selbst bezüglich der Tiere geschildert wird. Tatsächlich ist dessen Tierliebe überliefert, freilich nur als Legende. Aber Legenden entstehen selten grundlos. Mohammed, so wird erzählt, liebte vor allem Katzen. Eines Tages fand er eine Katze, die auf dem Ärmel seines Gewandes eingeschlafen war, der bis auf den Boden hing. Der Prophet, der zum Gebet in die Moschee eilen wollte, mochte sie nicht in ihrer Ruhe stören, also schnitt er den Ärmel ab. Als er wieder nach Hause kam, bezeugte die Katze ihm ihre Ehrerbietung, indem sie den Rücken zum Bogen hob. Mohammed wusste, was sie damit sagen wollte, und versprach ihr einen Platz im Paradies. Dann strich er dreimal mit seiner Hand über ihren Rücken, wodurch er ihr die Gabe verlieh, bei jedem Sturz sicher auf den Pfoten zu landen. Eine liebenswerte Geschichte – und von einer Tierfreundlichkeit, wie man sie in den Evangelien vergeblich sucht. Bleibt zu fragen, ob es den Tieren in den islamischen Ländern tatsächlich besser ergeht als in den christlichen. Das vermag ich nicht zu beurteilen. Die Katzen sollten dort allerdings als Lieblingstiere des Propheten in paradiesischen Verhältnissen leben.

Und noch ein abschließender Gedanke: Könnte es

nicht sein, dass die Tiere Vermittler sind zwischen Gott und den Menschen und wir das nur noch nicht begriffen haben? Damit wären wir wieder bei der Schöpfung angelangt. Sie ist so oder so die Vermittlerin zwischen Gott und dem Menschen. Sie zu missachten kann nur bedeuten, Gott selbst zu missachten.

Wozu gibt es Priester?

Den katholischen Pfarrer meiner Kindheit habe ich in ziemlich schlechter Erinnerung. Er war zweifellos ein braver Diener seines Herrn, doch versah er seinen Dienst ohne jede Begeisterung für das Wort Gottes. So gelang es ihm nicht, Jesus Christus in unsere Kinderherzen zu versenken. Um es auf den Punkt zu bringen: Unser Pfarrer schlief bei seinem eigenen Religionsunterricht ein. Zuweilen schlief er so tief und fest, dass ihn der größte Radau im Klassenzimmer nicht mehr zu wecken vermochte. Seine Predigten in den Sonntagsgottesdiensten ließen die müden Bauersleut reihenweise ins Koma fallen. Lächerlich fand ich schon damals, dass er uns Kindern vorschlug, als Buße für begangene Sünden statt Zucker Salz in Tee oder Kakao zu tun. Denn was wäre das schon gewesen angesichts der Leiden Christi. Religion, so empfand ich schon als Kind, war ein Gedankensystem voller Widersprüche und Ungereimtheiten, ein ziemlich starres Regelwerk, das der Pfarrer so mechanisch und ohne Begeisterung abspulte, dass er dabei den Eindruck erweckte, als würde er selber nicht daran glauben. Kurzum, dieser Pfarrer in seiner stockkatholischen oberbayerischen Dorfgemeinde versah seinen Dienst nicht als beseelter Hirte seiner Herde, sondern als stupider Beamter seiner Kirche. Viele Pfarrer, die ich später noch erlebte, bestätigten mehr oder weniger dieses Klischee, sodass ich die Behauptung wage, dass die wenigsten Pfarrer auch wirklich gute sind.

Dabei müsste man als Pfarrer doch nur so vor Geist und Geistigkeit, Humor und Witz, Fantasie und Lebensfreude sprühen. Die eigene Gottergriffenheit müsste die andern ganz von selber mitreißen, zu Gott hin fortreißen. Denn dazu ist der Priester da: andere mit dem Heiligen Geist anzustecken in der Art, wie Lachen ansteckt. Dummerweise ist auch Gähnen ansteckend.

Man kann davon ausgehen, dass es Priester gibt, seit es die Religion gibt. Denn Gott und den Göttern kommt der Durchschnittsmensch nicht so leicht nahe. So ein Gott ist ein äußerst kompliziertes Wesen – eher abschreckend und verstörend als anziehend und einnehmend. Auch kann man sich niemals ganz sicher sein, einer Gottheit gegenüber das angemessene Verhalten zu zeigen. Götter sind in diesen Dingen sehr empfindlich und nachtragend. Das kann man sehr schön am Gott des Alten Testaments beobachten: Er will, dass ihm nicht irgendwie gehuldigt wird, sondern exakt in den von ihm gewünschten Kultformen. Alles muss bis ins Letzte stimmen, nichts darf dem Zufall überlassen bleiben, obwohl doch der Zufall, wie ich meine, Gottes geheimnisvollste Sprache ist.

Diese geradezu abschreckende alttestamentarische Kompliziertheit des Gotteskults verlangte fast zwangsläufig nach Personen, die auf die Ausführung dieser Kulte spezialisiert sind. Das Amt des Priesters ergab sich aus der Besonderheit des Dienstes an Gott. Das konnte nicht jeder. Priester sind Fachmänner für Gottesangelegenheiten, Glaubensprofis, wenn man so will. Ihnen steht die

Masse der Laien gegenüber, die Masse der Glaubensama-
teure.

In den frühen Kulturen wurden zumeist die Ältesten
einer Gemeinschaft zur Priesterschaft auserwählt; sie waren dafür kraft ihres Wissens, ihrer Erfahrung, ihrer Autorität und des daraus entstehenden Ansehens legitimiert. So
leitet sich das Wort »Priester« vom griechischen »presbýte-
ros« ab, was »Gemeindeältester« und damit »Gemeinde-
oberster« bedeutet. In alter Zeit war es deshalb oft so, dass
der oberste Herrscher (König) gleichzeitig auch das Amt
des obersten Priesters innehatte. Das war insofern logisch,
als die königliche Macht als eine von Gott oder den Göttern verliehene verstanden wurde. Man spricht vom Pries-
terkönigtum, wie es in der Bibel zum ersten Mal von
König David verkörpert wurde. In manchen Kulturen,
etwa der ägyptischen, führte das dazu, dass irgendwann
der König selbst als Gottheit verehrt wurde, der dann auch
noch sein eigener höchster Priester war.

Interessant ist, dass in der Person Jesu Christi diese alte
Einheit von Gott, König und höchstem Priestertum wie-
derkehrt: Christus wird als Gott verehrt, verstand sich
selbst als König (eines jenseitigen Reichs) und zelebrierte
das letzte Abendmahl für seine Jünger mit priesterlichem
Gestus.

Im antiken Priestertum kam noch etwas Wichtiges
hinzu: Priester waren oftmals auch die Erforscher der
Natur. Sie beobachteten den Sternenhimmel, deuteten
seine Veränderungen als Götterzeichen, als Hinweise auf
die Zukunft. Der Opferdienst war eng mit dem Orakel-
dienst verwoben, bei dem zum Beispiel aus den Einge-

weiden von Opfertieren alles Mögliche geweissagt wurde. Das Orakel war Gottesurteil; allein der Oberpriester vermochte es zu deuten. Daraus ergab sich die große Macht, die Priester in der antiken Welt innehatten. Nicht zuletzt sprachen sie auch noch Recht, und dieses wurde ohnehin als heilige, von Gott oder den Göttern so gewollte und vom Priester nur verkündete Entscheidung angesehen. Das weltliche Gericht, so wie wir es heute kennen, ging also ursprünglich aus dem vom Priester verkündeten Gottesurteil hervor. Die priesterliche Rechtsprechung ist als Gottesspruch zu werten.

Wissenschaft, religiöser Kult und Sehertum verschmolzen im heidnischen Priestertum zu einer machtvollen Einheit. Ja, und nicht zu vergessen: Priester waren auch noch Heiler. Sie brachten buchstäblich das Heil – das des Körpers und der Seele. Gerade auch deshalb sprachen sich die Priester den höchsten Grad der Heiligkeit zu.

Auch in der Bibel findet sich noch ein Nachklang heidnischen Priestertums. So etwa im 2. Buch Mose (Exodus), wo Gott festlegt, wie die heilige Brusttasche des Oberpriesters auszusehen habe: »Du sollst in die Brusttasche die heiligen Lose legen, damit Aaron auch diese immer, wenn er vor mich tritt, auf seinem Herzen trägt.« Mit den »heiligen Losen« waren Orakelstäbe gemeint. Mit ihnen konnte der Oberpriester den Willen Gottes oder die Zukunft erfahren, indem er sie warf. Aus deren Fall (Zufallsmacht ist Gottesmacht) wurde für den Priester – und nur für ihn! – die Entscheidung Gottes sichtbar. Aaron, der Bruder des Moses, war der erste Priester des jüdischen Volks. Und hierin zeigt sich auch schon eine Besonderheit des alten jüdischen Priestertums gegenüber dem heidnischen: Es gibt nur einen obersten Priester, weil es auch nur einen Gott gibt. In den heidnischen Kulten gab es zuerst so viele Oberpriester, wie es Götter gab – mit den entsprechenden Rivalitäten untereinander.

Aaron, nicht Moses, war also der erste Priester des auserwählten Volks. Nach seinem Tod ging das Amt auf seine Nachkommen über; es war erblich – eine Art von Adelserbe –, nicht anders als etwa bei der Priesterkaste der Brahmanen im Hinduismus. Im Judentum war es allerdings von Anbeginn so, dass auch ein Priester keine größere Gottesnähe besaß als irgendein gewöhnlicher Jude. Das ist einmalig unter den Religionen. Der Priester war im alten Judentum nur eine Art Dienstleister, eben ein Gottesdienstleister, wobei das Tieropfer im Mittelpunkt des Jahwe-Kults stand. Ja, selbst ein Prophet besaß nach jüdischer Auffassung keine besondere Frömmigkeit, die mehr gegolten hätte als die Frömmigkeit eines einfachen Menschen. Er hatte eine Sendung, zu der ihn Gott berufen hatte, aber er stand auf keiner höheren Stufe der Religion. Auch ein Prophet hat Gott nicht ins Antlitz geschaut. Dem Ewigen gegenüber sind nach jüdischer Auffassung alle gleich. Denn das Unendliche und Unergründliche, das Gott ist, tut sich vor jedem in gleicher Weise auf und erschließt sich keinem in seiner Ganzheit.

Letztlich haben alle Religionen – und ihre Priesterschaft – ihren Ursprung in Opferkulten. Das religiöse Opfer stellt den Versuch dar, die Gottheit zu beeinflussen, sie milde zu stimmen und für sich einzunehmen. Götter wollen sichtbare Beweise der Verehrung; das ist typisch für sie. Der Priester ist Praktiker des Gottesopfers und des damit verbundenen Kults. Ohne religiösen Kult keine Priester. Der Priester als Fachmann des religiösen Kults tritt aber im Lauf der Kulturentwicklung immer stärker als Vermittler zwischen Gott und der Gemeinde auf. Die Beziehung Gott–Gläubige ist in den Priesterreligionen keine direkte, sondern eine vermittelte. Man könnte den Priester auch mit einer Art Dolmetscher vergleichen; er allein versteht, was Gott in seiner Abwesenheit und Stummheit sagt. Er übersetzt es im Kult oder in der Predigt für seine Gemeinde. Da stellt sich uns allerdings die Frage, ob die Verständigung des Priesters mit Gott eine wirkliche oder nur eingebildete ist – also Theater im weitesten Sinne. Gott, so ist zu vermuten, schweigt auch gegenüber seinen Priestern; auch sie verstehen Gottes Wort nur als überliefertes Wort in den heiligen Büchern. Die kann aber heutzutage jeder lesen und für sich deuten, was in früheren Zeiten nicht der Fall war. Da war allein der Priester oder ein anderer Gelehrter in der Lage, Gottes offenbartes Wort zu vernehmen, weil er die lateinische, griechische oder hebräische Sprache beherrschte, in der das Wort Gottes abgefasst war.

Priester führten von daher ein herausgehobenes religiöses Leben. Das gilt für den Hinduismus nicht anders als für den Buddhismus, das galt in den Geheimkulten der griechischen Antike oder bei den alten Ägyptern, das gilt noch heute im Katholizismus oder in der orthodoxen Kirche. Anders im Judentum und im Islam. Beide Religionen kennen keine herausgehobene Priesterstellung, ja, der Islam kennt überhaupt kein Priestertum. Wozu auch, wenn sich allein im Gebet zu Allah der muslimische Gottesdienst verwirklicht. Priester braucht man im Grunde nur dort, wo es komplizierte sakrale (= heilige) Handlungen gibt, also Sakramente vorhanden sind. Am deutlichsten tritt die Trennung zwischen Priestertum und Laienvolk im Buddhismus in Erscheinung, wo die »Sangha«, die Gemeinde, ausschließlich aus den Mönchen besteht und alle übrigen Gläubigen nur als deren Anhang erscheinen.

Aber kehren wir noch einmal zum Judentum zurück, weil es die Ursprungsreligion der monotheistischen Religionen ist. Wir hatten festgestellt, dass der Priester in dieser Religion keine herausragende Stellung gegenüber dem Glaubensvolk besaß. Das stimmt so nicht ganz. Aaron und alle seine Nachfolger waren durch ihr Priestertum herausgehoben und im Besitz religiöser Macht. Dennoch war der Priester im Judentum niemals ein Besitzer oder Verwalter von Gnadengaben Gottes, auch kein Darbieter des göttlichen Heils an die Gemeinde. Und so nannten sich in der frühen Zeit des Judentums viele im Volk »Pharisäer«, was so viel wie »Abgesonderte« bedeutet, ohne eigentlich Priester in der Nachfolge Aarons zu sein. Mit »Pharisäer« war gemeint: »abgesondert von den Sünden und den heidnischen Gräueln«. Es gab also so etwas wie ein »Pharisäertum aller Juden«. Darin kam die urjüdische Ansicht zum Ausdruck, dass die Religion im Besitz aller sein müsse und dass alle zu diesem Besitz von Gott berufen seien. Denn Gott habe das jüdische Volk als Ganzes auserwählt, nicht nur einzelne Vertreter desselben. Dies ist vermutlich auch der Grund, wieso das Judentum keine Heiligen oder Seligen kennt.

Als die Römer im Jahre 70 n. Chr. Jerusalem mitsamt seinem Tempel zerstörten, war das für das jüdische Volk eine furchtbare Katastrophe. Aber letztlich war es doch auch ein Gewinn. Denn erst von da an konnte sich entfalten, was ohnehin das tiefste Wesen des Judentums war: dass jeder für sich, unmittelbar und unvermittelt, seinem Gott gegenübersteht. Denn mit dem Tempel ging auch der Opferkult unter, der allein dort von Priestern ausgeübt werden durfte. Ohne Tempel und Opferkult brauchte man auch keine Priester mehr. Für jede andere Religion mit einer herausragenden Stellung der Priesterschaft hätte das wahrscheinlich den Untergang der ganzen Religion bedeutet, und es sind ja viele Religionen untergegangen, nachdem man ihre zentralen Heiligtümer zerstört und die Priesterschaft vernichtet hatte. Dann nahm das Volk gewöhnlich sehr schnell die Religion des Eroberervolks an, einschließlich deren Priesterschaft. Nicht so beim Judentum. Heiligtum und Priester waren weg, aber das Wort Gottes in Gestalt des heiligen Buchs der Tora (fünf Bücher Mose) blieb bestehen. Im jüdischen Verständnis ist die Tora so unzerstörbar wie Gott selbst. Jeder, der lesen konnte, konnte weiter die Tora studieren, jeder konnte weiter zu seinem Gott beten. Und so blieb das eigentliche, nämlich geistige Herz des Judentums erhalten bis auf den heutigen Tag.

Erst mit einer Katastrophe, so könnte man sagen, fand das Judentum zu sich selbst, entdeckte es seine Unzerstörbarkeit durch das göttliche Wort. Es gab keine Priester mehr, also war fortan jeder sein eigener Priester. Und das ist bis heute so. An die Klagemauer in Jerusalem, den

Resten der einstigen Tempelumfassung, tritt jeder fromme Jude im priesterlichen Gestus, was auch in der Bekleidung zum Ausdruck kommt durch das Umlegen des Talit (Schal) und das Anlegen der Teffilin (Gebetsriemen), diesen typischen Merkmalen eines Priestergewands.

Und doch – so einfach, wie wir es hier hingeschrieben haben, ist es auch im Judentum nicht. Immerhin gibt es ja noch den Rabbi. Dieser ist freilich kein Priester, aber doch ein religiöser Lehrer, nämlich der Lehrer der Tora, der im bezahlten Dienst einer jüdischen Gemeinde tätig ist. Aus historischer Sicht ist das Rabbinertum aus dem alten Pharisäertum hervorgegangen. Im Gegensatz zu den aristokratischen Tempelpriestern, den sogenannten Sadduzäern, war das Pharisäertum erst im 2. Jahrhundert v. Chr. als religiöse und auch politisch aktive Bewegung in Gegnerschaft zu den Sadduzäern entstanden. Im Zentrum des Pharisäertums stand nicht der ums Opfer zentrierte Tempeldienst, sondern, wie schon gesagt, das Studium der Tora. Diese erfuhr durch die Pharisäer eine allgemein verständliche und lebensnahe Auslegung.

Das alte Pharisäertum hat sich gewissermaßen ins Rabbinertum als Laienbewegung verwandelt, seit mit der Zerstörung des Tempels das Gebet an die Stelle des alten Opfers trat. Dadurch konnte sich die alte jüdische Auffassung, dass jeder in der Gestaltung seines religiösen Lebens eigenständig ist, erst so richtig verwirklichen.

Im Pharisäertum muss man nicht zuletzt auch die religiösen Ursprünge des Christentums sehen, insofern auch Jesus ein Vertreter des jüdischen religiösen Laientums war, ohne sich freilich selbst den Pharisäern zugehörig zu füh-

len. Oder vielleicht doch? Denn Jesus war ein Schriftgelehrter, also von seinem ganzen Typus her ein Rabbi –
aber eben auch noch mit den Zügen des Opferpriesters,
wie sie im letzten Abendmahl sehr deutlich in Erscheinung treten. Da vollzieht Jesus ein symbolisches Lamm-
opfer, wobei er sich selbst als dieses Opferlamm einsetzt,
um so das blutige Tieropfer des sadduzäischen Tempel-
kults für alle Zeiten zu überwinden. Dieses war ohnehin
schon im Niedergang begriffen. Deshalb wird nach der
Zerstörung des Tempels die Synagoge – und damit ist
nichts anderes als die jüdische Gemeinde gemeint – an die
Stelle des Tempels treten. Das wird auch darin deutlich,
dass der Versöhnungstag (Jom Kippur) als höchster jüdischer Feiertag in seiner biblischen Bestimmung der Tag des
Tempels war und fortan als Tag der Synagoge gilt.

Im Grunde ist die Entwicklung einer Priesterschaft, wie
sie dann im Christentum wieder stattfand, als ein Rückschritt gegenüber dem Judentum zu deuten. Dieser scheint
allerdings durch das Abendmahlopfer Jesu gerechtfertigt.
Und genau damit wird ja die Erneuerung des Priestertums
im Katholizismus begründet. Jesus wird gleichsam als erster
Priester des Christentums gedeutet, in dessen Nachfolge
jeder Priester steht. In Jesus vereinen sich also Gott, Priester und Opfer in einer Person; das gibt es wohl in keiner
anderen Religion.

Im Protestantismus sieht die Sache ein wenig anders
aus. Luthers Reformation war eben auch der Versuch, das
Christentum wieder den Lehren des Judentums anzu-
nähern, vor allem jener vom allgemeinen Priestertum der
Gläubigen. Damit sollte die innere Einheit der Gemeinde

wiederhergestellt werden, die im mittelalterlichen Katholizismus mit seiner abgehobenen Priesterhierarchie verloren gegangen war. Luther erklärte auch wieder das »Wort Gottes« – wie die Juden die Tora – zum alleinigen Mittel des Heils. Es gibt bei Luther jedoch einen bedeutenden Unterschied gegenüber der jüdischen Auffassung vom Gotteswort: Im »Wort Gottes« wirke, nach Luther, die übernatürliche göttliche Kraft. Genauer: Im Bibelwort wird dem Menschen die göttliche Gnade gebracht. Das »Wort Gottes« wird dadurch aber zu einer Art von Sakrament, während die Tora im Judentum nichts anderes als Gottes klares Wort ist, das unverrückbar in der Welt steht und nur gelesen und verstanden werden muss. Das Judentum kennt keine Sakramente; auch von daher braucht es kein Priestertum.

Und so kam es, dass im Protestantismus zwar das Priestertum aller Gläubigen gelehrt wird, aber dennoch wieder ein Nebeneinander von beauftragten Priestern und Empfängern der Religion entsteht, von Glaubenshütern und Laien, von Mündigen und Unmündigen. Solche Unterscheidungen treten zwangsläufig überall dort auf, wo der Religion Wundergaben zugesprochen werden, etwa in Form einer von Gott verliehenen Gnade. Luthers gnadenbringendes »Wort Gottes« ist somit etwas anderes als die Tora der Juden. Die Tora kann jeder Jude lesen und erfüllen. Das »Wort Gottes« ist nach Luther reines Gnadengeschenk Gottes, das einem zuteil wird oder nicht. Wie jedes Geschenk, so will auch dieses in der richtigen Weise dargeboten sein, und dazu bedarf es einer richtigen Theologie (Gotteslehre), die von einem richtigen Theologen vertreten werden muss. Die Gnade Gottes gewinnt man also nur durch das Berufsbeamtentum des Pfarrers. So läuft auch im Protestantismus alles wieder auf einen Priester beziehungsweise Pfarrer hinaus; er ist Träger und Verwalter der richtigen Theologie.

Dem Gegensatz von berufsmäßigem Glaubenshüter und Laienvolk kommt allerdings auch das Judentum nicht gänzlich aus. Auch dieses muss ein Interesse daran haben, dass die Tora nicht irgendwie, sondern richtig gelesen wird. Und irgendwer muss ja bestimmen, was »richtig lesen« bedeutet. Und genau das tut der Rabbi; er gibt die gültige Anleitung beim Lesen und richtigen Verstehen der Tora. Doch dabei ist er viel mehr Lehrer und Prediger als Priester, ja, er ist überhaupt kein Priester.

Wenn wir soeben vom Protestantismus sprachen, so darf man nicht übersehen, dass es dort Richtungen gibt, die Luthers ursprünglichen (jüdischen) Gedanken vom »Priestertum aller Gläubigen« tatsächlich beim Wort nehmen. Da wären zum Beispiel die Baptisten zu nennen, diese größte der evangelischen Freikirchen. Alleinige Richtschnur für den Glauben und das Leben ist für sie die Bibel, die jeder für sich selbst auslegen kann. Damit wird ein Pfarrer als Vermittler und Überbringer des Gottesworts überflüssig. Die Baptisten vertreten die Ansicht, dass nach dem Neuen Testament alle Getauften Träger des Heiligen Geists, also »Geistliche« sind. Mit der Taufe ist jeder zum Priesterdienst berufen. Dieses allgemeine Priestertum der Laien sei von Jesus Christus so eingesetzt worden.

Im Allgemeinen aber bleiben auch in den protestantischen Kirchengemeinden die Laien weitgehend passiv;

viele Protestanten scheinen gar nicht zu wissen, dass sie durch die Taufe eigentlich zur Priesterschaft aufgerufen sind.

Im Katholizismus wird das Priestertum anders gesehen. Zwar wird auch dort dem Laien aufgrund der Taufe ein Priestertum zugesprochen, aber allein dem geweihten Amtspriester, der im Gegensatz zum Protestantismus keine Frau sein darf, steht es zu, Gottesdienste zu zelebrieren und die heiligen Sakramente zu spenden. Das mit dem Frauenpriesteramt ist ein fortwährender Streitpunkt innerhalb des Katholizismus. Denn nirgendwo in den Evangelien steht, dass nur Männer in der Nachfolge der Jünger Jesu stehen können, unter denen unbestritten auch Frauen waren.

Im katholischen Verständnis steht der Priester freilich nicht nur in der Nachfolge der Jünger und Jüngerinnen, sondern in direkter Nachfolge Christi. Allein der (männliche) Priester ist durch das Sakrament der Priesterweihe befähigt, die dreifache Aufgabe Christi zu erfüllen: Erstens: den amtlichen Gottesdienst, und hier vor allem das Opfer, zu vollziehen, also das von Christus gestiftete Kultmahl. In ihm wird das Selbstopfer Christi am Kreuz immer wieder neu vergegenwärtigt. Zweitens: die Lehre zu verbreiten, denn auch Christus war als Verkünder der Frohen Botschaft lehrend tätig. Drittens: seelsorgerisch tätig zu sein, denn auch das Wirken Christi war letztlich ganz auf die Gottes- und Nächstenliebe ausgerichtet. Diese Seelsorge konzentriert sich in der Verkündigung des Glaubens, die allerdings nicht nur im Gottesdienst und in der Predigt stattfinden soll, sondern auch im Religionsunterricht an den Schulen, in kirchlichen Seminaren und Tagungen und im alltäglichen Kontakt zu den Menschen in der Gemeinde mit ihren Sorgen und Nöten.

Schaut man auf die Religionen, so wie sie sich im Lauf der Menschheitsgeschichte entwickelt haben, so ist doch deutlich zu sehen, dass das Priestertum nach und nach an Bedeutung verloren hat. Die jüngste der Weltreligionen, der Islam, verzichtet gleich ganz darauf. Der Mullah ist, ähnlich wie der Rabbi, nur als Religionslehrer tätig. Auch das Judentum hat, wie wir gesehen haben, seit 2000 Jahren keine Priester mehr. Und das Christentum bewegt sich seit Luthers Reformation ebenfalls auf ein allgemeines Laienpriestertum zu. Darin drückt sich das gewachsene Selbstbewusstsein des Menschen gegenüber Gott aus. Der Mensch in der Moderne will sein eigenes Verhältnis zu Gott finden. Der Weg zu Gott, das spürt der Gläubige unserer Zeit, kann nur ein ganz und gar persönlicher sein. Und wer weiß, ob nicht so mancher Priester weiter von Gott entfernt ist als unsereins. Und wer sagt überhaupt, dass Gott selbst an Priestern so viel gelegen ist? Er mag sich vielleicht fragen, ob ein engagierter Laienpriester nicht mehr für den Glauben tut als ein geweihter Amtspriester, der während seines eigenen Religionsunterrichts einschläft. Und damit kehren wir am Ende dieses Kapitels an seinen Anfang zurück: Mit Priestern ist es wie mit Lehrern. Beide sind wichtig und gut – wenn sie gut sind. Schlechte Lehrer können einem den Weg zur Bildung erschweren, ebenso schlechte Priester den Weg zu Gott.

Wozu soll Beten gut sein?

Ein Überlebender des Holocaust erzählte folgende Geschichte von einem Rabbinatsgericht in einer Baracke
des Vernichtungslagers Auschwitz-Birkenau: Die wenigen
noch am Leben gebliebenen Mitglieder führten einen
Prozess gegen Gott und schlossen ihn wegen der Ungeheuerlichkeit seiner Unterlassungen mit sofortiger Wir-
kung aus der Gemeinschaft aus. Nachdem dies geschehen
war, sagte der Rabbi mit tiefem Seufzer: »Kommt, und
jetzt gehen wir beten.«

Das Gebet gibt es in allen Religionen. Als Bitte an die
Gottheit ist es so etwas wie eine vergeistigte Opferhand-
lung. Man »opfert« Gott seine Zeit und seine ganze Aufmerksamkeit. Tatsächlich trat das Gebet in der Religionsgeschichte an die Stelle des Blutopfers, mit dem versucht
wurde, sich die Gottheit gewogen zu machen. Doch es
gibt einen entscheidenden Unterschied zwischen Opfer
und Gebet: In den alten Opferreligionen fühlte sich der
Mensch gegenüber den Göttern abhängig, gerade auch in
den Ereignissen und Zufällen seines Lebens. Er fühlte sich
vom Schicksal gezwungen und getrieben. Das Opfer war
Ausdruck dieses angstvollen Getriebenseins; es sollte si-
cherstellen, dass die Götter einen nicht verwarfen und ins
Elend stürzten. Dagegen kommt im Gebet ein anderes
Verhältnis des Menschen zur Gottheit zum Ausdruck. Der
Betende weiß sich von Gott erschaffen, und das Gebet

begründet sich auf diesem Urgefühl, ein von Gott Erschaffener zu sein, von ihm noch im tiefsten Leid umfasst und gehalten zu werden. So tief wir auch fallen, wir fallen in Gottes Hand.

Nicht die Angst (wie im Opfer) ist die Grundlage des Gebets, sondern die Gewissheit. Freilich erfährt diese Gewissheit beizeiten auch die Anwandlung des Zweifels. Dennoch − das Gebet ist mehr als das Opfer, denn im Beten verbindet sich die innere Bewegtheit des Menschen mit Gott auf rein geistiger Stufe; irgendwelcher materieller Gaben an Gott bedarf es nicht mehr, um die Hingabe an ihn zum Ausdruck zu bringen.

Und noch etwas zeigt sich im Gebet: Der Betende tritt Gott gewissermaßen auf Augenhöhe gegenüber, selbst noch in der Demutsgebärde des Niederkniens. Das kann bis zum Zorn gehen, den man seinem Gott entgegenschleudert, ja, man kann Gott in seiner Verzweiflung sogar verfluchen und von sich stoßen − um doch weiter an ihn zu glauben und zu ihm zu beten.

Noch stärker als im Opfer wird im Gebet die Verbindung des religiösen Menschen mit einer höheren Macht vollzogen, und zwar so grundlegend, dass die Religion mit dem Gebet überhaupt steht und fällt. Wo nur noch schwach oder gar nicht mehr gebetet wird, ist die Religion im Niedergang begriffen. Denn das Gebet ist, nachdem das Opfern überwunden ist, *der* Grundakt des Religiösen. In ihm verwirklicht sich der Glaube am nachdrücklichsten. Wer nicht betet, kann durchaus ein Gläubiger sein, aber er ist einer von schwacher Statur − ein Allerwelts- und Gelegenheitsgläubiger.

Das Gebet ist ein Gespräch mit Gott, wobei Gott sich gewöhnlich in Schweigen hüllt. Im Christentum wird das allerdings anders gesehen: Schon bevor der Mensch betet, hat Gott in Jesus Christus zu ihm gesprochen. Wir geben im Gebet eigentlich nur Antwort auf Gottes Wort an uns. Beten ist im wahrsten Sinne des Worts Ausdruck der Verantwortung des Gläubigen gegenüber Gott. Bei aller Freiheit und Persönlichkeit des Gebets – es ist immer ein bezogenes Wort, bezogen auf das, was Jesus, vermittelt über die Evangelien, zu uns Menschen gesagt hat. So muss es auch nicht verwundern, dass im Christentum – und anderen Religionen – auch vorgegebene Gebete verwendet werden. Das »Vaterunser« der Christen ist ein direkt von Jesus gestiftetes Gebet an seine Jünger und Jüngerinnen, eine Art Anleitung zur Zwiesprache mit Gott.

Zu unterscheiden ist zwischen dem Gebet, das man alleine spricht, und jenem, das in der Gemeinde gemeinsam gesprochen wird. Im ersten Fall wird uns unsere Einsamkeit gegenüber Gott bewusst, im zweiten spürt man die Gemeinschaft der Betenden. Das Gebet in der Gemeinde stärkt das Gemeinschaftsgefühl. Von einer betenden Gemeinschaft, egal ob in einer Synagoge, Kirche oder Moschee, geht eine große Kraft aus, die selbst noch jener verspürt, der nur als Beobachter dem Geschehen beiwohnt. Religiosität ist besonders in der betenden Menge als starke Kraft spürbar; diese erfüllt den Raum und brandet geradezu physisch gegen einen an. Das setzt freilich voraus, dass jeder Einzelne mit innerer Überzeugung betet. Aber auch das gemeinsame Gebet bleibt seinem tiefsten Wesen nach ein Einzelgespräch mit Gott, wenn es denn ein echtes

Gebet ist und nicht nur eine heruntergeleierte Gebets-
formel. Jedes echte Gebet will uns inmitten der lärmigen
Welt eine Abgeschiedenheit geben.

Im persönlichen Gebet klingt auch eine Sehnsucht an.
Der gläubige Mensch weiß sich zwar als Geschaffener –
weil der ganze Kosmos ein geschaffener ist –, aber er spürt
auch, dass der Schöpfer von allem Geschaffenen doch unendlich fern ist. Diese Sehnsucht nach Gottes Nähe erzeugt den Grundton eines jeden aufrichtigen Gebets. Im
Gebet treffen Gottesferne und Gottesnähe aufeinander.
Das Gebet zu dem einen Gott dringt aus dieser Spannung
hervor. Der Betende wendet sich an den fernen Gott, der
»in der Höhe wohnt«, mit der Hoffnung, ihn als nahen
Gott zu erfahren, der in einem selbst wohnt.

Jesus selbst hat in seiner größten Not zu seinem göttlichen Vater gebetet und die verzweifelte Frage gestellt:
»Mein Gott, mein Gott, warum hast du mich verlassen?«
Das »Warum?« ist vielleicht das Gebets-Wort schlechthin.
Was immer sich im Gebet äußert, ob Bitte oder Frage,
ob Verlangen nach Befreiung der Seele von einer schweren Last, ob Verlangen nach Rettung aus Not und Gefahr
oder Erlösung von einer schweren Schuld – immer herrscht
diese unterschwellige Spannung aus Nähe und Ferne, Gewissheit und Zweifel. Das muss so sein wegen des uner-
gründlichen Geheimnisses, das Gott ist. In diesem Span-
nungsverhältnis wird man sich zwangsläufig seiner selbst
bewusst und bejaht sich in seinem tiefsten Grund, der
selbst wieder ein Geheimnis ist. Wenn man betet, ist man
nicht allein. Man bindet sich an eine höhere, rätselhafte
Kraft und hat gleichzeitig Kontakt zu seiner eigenen inne-

ren Stimme. Dabei ist der Betende sich durchaus bewusst, dass sein Verlangen und Bitten unerfüllt bleiben kann. Auch die Nichterfüllung der Gebete wird der Betende als den Willen Gottes annehmen. Das nennt man Demut vor Gott.

Wer glaubt, hat keinen Versicherungsvertrag mit Gott abgeschlossen. Glauben heißt ja, Gott zu lieben »mit allem, was er dir zumisst, mit dem Glück und mit dem Leid«. Auch das Leiden, das weiß der Betende, hat seinen verborgenen Sinn, ebenso der Tod. So erfüllt sich im Gebet auch das Gebot, trotz aller drohenden Sinnlosigkeit des Daseins, trotz aller persönlichen Verhängnisse sich von Gott nicht abbringen zu lassen. Damit ist das Gebet praktizierte Ergebung – und diese hat im Judentum und mehr noch im Islam eine herausragende Bedeutung; das Wort »Islam« bedeutet »Ergebung« (in Gott). Dagegen ist dem Christen die Ergebung in Gott eher fremd. Diese Ergebenheit kommt im Islam allein schon in der Gebetshaltung der Muslime zum Ausdruck: eine Unterwerfung vor Gott in kniender, tief gebeugter Haltung, wie sie dem Allmächtigen gegenüber durchaus angebracht erscheint.

Doch bei allem Bittenden und Flehenden, das ein Gebet haben kann, muss man stets bedenken, was wir schon sagten: dass es kein bloßes Mittel ist, etwas bei Gott zu erreichen oder gar zu erzwingen. Wer ein Gebet als Mittel zum Zweck missversteht, übersieht die persönliche Haltung des Betenden, die nichts will, sondern einfach als Demutshaltung gegenüber Gott ihren tiefsten Sinn erfährt. Fehlt diese Demutshaltung, kann von einem Gebet ohnehin nicht gesprochen werden. Nein, das Gebet ist der

Zweck selbst, es trägt seinen Sinn in sich oder anders: es ist reiner Sinn ohne Zweck. Es hat damit etwas von einem Spiel.

Aber es gibt eine grundsätzliche Schwierigkeit beim Gebet, für die der Mensch freilich nichts kann. Wenn das Gebet ein Gespräch ist, wie wir sagten, wird dieses nur gelingen, wenn der Gesprächspartner antwortet. Wenn die Antwort aber in den heiligen Büchern der Religionen zu finden ist, kommt der Betende nicht umhin, in diesen zu lesen, wenn ihm denn an einer Antwort gelegen ist. Beten und Lesen der heiligen Bücher bedingen sich wechselseitig. Doch selbst ohne diese Antwort, die die Bücher geben, kann der Betende hoffen, dass Gott das Gebet in einem höheren Sinne hört.

Beten, so sagten wir, hat etwas von einem Spiel. Aber es ist auch eine Kunst. Wer nur einen vorhandenen Text, etwa das »Vaterunser« oder einen der Psalmen, herunterleiert, betet nicht. Es gibt also auch das unandächtige Gebet – eine nutzlose Zeitverschwendung. Allerdings hat die katholische Kirche eine Gebetsform entwickelt – die sogenannte Litanei –, ein im Wechsel gesungenes Bittgebet, das geradewegs dazu verleitet, gedankenlos dahergesagt zu werden. Doch auch die Litanei kann mit innerer Sammlung gesprochen oder gesungen werden – eine Form der Sprechmeditation, wenn man so will. Letztlich ist es ohne Bedeutung, ob sich ein Gebet in formulierten Worten oder rein innerlich als geistige Sammlung verwirklicht. So oder so verlangt ein richtiges Gebet den Einsatz der ganzen Seele und der höchsten Konzentration. Vielleicht ist sogar das wortlose Gebet das stärkste von allen; gewiss aber

ist es das schwierigste. Es setzt voraus, dass wir den endlosen und meist sehr banalen Gedankenstrom in unserem
Kopf durchbrechen; das geht nicht ohne stetige Übung.
In unserer westlichen Kultur ist das deshalb so schwierig,
weil wir religiöse Erfahrung hauptsächlich als einen Denk-
vorgang verstehen. Wir denken uns zu Gott hin, während
man in den Religionen des Ostens versucht, im Allum-
fassenden zu leben und darin aufzugehen. Für den Westen
gilt: Ich denke an Gott, also glaube ich. Für den Osten gilt:
Ich lebe in Gott, also glaube ich.

Von mir selbst kann ich nur sagen, dass weder im katholischen Religionsunterricht noch in den Vorbereitun-
gen zur Firmung echtes Beten gelehrt wurde. Beten war
nicht Gegenstand des Unterrichts. Man hat Gebete aus-
wendig gelernt, aber nicht das Beten als religiöse Kunst
und geistiges Spiel eingeübt. Ein möglicher Schritt auf
diesem Weg wäre zum Beispiel das Schweigen. Schweigen
als ein Sich-Öffnen für das Gebet. In Gottesdiensten wird
zu wenig geschwiegen, man wird von Anfang bis Ende
zugeredet und zugesungen. Ich finde, man sollte Gottesdienste grundsätzlich mit einigen Minuten des Schwei-
gens beginnen; es sollte absolute Stille herrschen. Denn
Andacht entsteht in der Stille, und Beten ist die höchste
Form der Andacht. Das schöne Wort »Andacht« bedeutet
»Denken an etwas, Aufmerksamkeit, Hingabe«. »Gut ist
dem Manne … wenn er einsam sitzt und schweigt«, heißt
es irgendwo in der Bibel. Andacht gelingt am besten im
Alleinsein. Deshalb ist es von Zeit zu Zeit ratsam, sich von
den Trampelpfaden der Welt – auch jenen der Religion –
zu entfernen, um in der Stille neue Kraft zu schöpfen. Für

den religiösen Menschen wird diese Stille, wenn die Andacht gelingt, zur Gottesstille. An diesem Punkt berührt das Gebet die Meditation, die in den Religionen des Ostens von zentraler Bedeutung ist – ein Sich-Versenken in den eigenen Daseinsgrund, in welchem Gott als letzte Sinngebung aufscheint. Vielleicht ist es ja ohnehin so, wie der Dichter Ödön von Horváth (1901–1938) in einem seiner Stücke geschrieben hat: »Gott hört Euch, auch wenn Ihr schweigt!« Man könnte noch weitergehen: Gott hört Euch am besten, wenn Ihr schweigt!

Aber auch die Meditation, ja, sie ganz besonders, bedarf der stetigen Übung. Im Unterschied zwischen Beten und Meditieren tritt der Unterschied zwischen den westlichen und östlichen Religionen ganz deutlich hervor: Hier der eine persönliche Gott, der angesprochen werden will, dort eine unpersönliche, allumfassende kosmische Kraft, der man so oder so angehört. Hier das Zwiegespräch mit Gott als überirdischem Vater, dort das Schweigen und Einswerden mit dieser göttlichen Kraft. Beide Wege sind richtige Wege, die sich auch bestens miteinander vereinen lassen.

Jetzt etwas ganz anderes: Was hat die moderne Wissenschaft, speziell die Hirnforschung, zu den Wirkungen von Gebet, Andacht und Meditation zu sagen? Wie kommt es, dass betende oder meditierende Menschen das Gefühl haben, mit Gott in Kontakt zu treten oder sogar mit dem göttlichen Seinsgrund zu verschmelzen? Durch geistige Einkehr, so sagt die Hirnforschung, werden ganz bestimmte Reizblockaden im Gehirn aufgebaut, wodurch der Grundunterschied zwischen eigenem Selbst und äußerer

Welt aufgehoben wird. Die geistige Disziplin, die in Andacht und Meditation geübt wird, führt auf Dauer zu grundlegenden Veränderungen im Gehirn. Bei buddhistischen Mönchen haben Forscher zum Beispiel festgestellt, dass die Aktivitäten in ihrem linken Stirnhirn sehr viel höher sind als bei Menschen, die nicht meditieren. Das erhöhte Erregungsmuster in diesem Hirnbereich bewirkt eine allgemeine positive Lebenseinstellung, eine optimistische Weltsicht. Offenbar hält das linke Stirnhirn die schlechten Gefühle im Zaum und sorgt für Ausgeglichenheit und heitere Gelassenheit, die so viele Buddhisten auszeichnet. Interessant dabei ist, dass während der Meditation das Gehirn keinesfalls »abschaltet«, wie man meinen könnte. Das Gegenteil ist der Fall: Im Moment der Versenkung herrscht höchste Aufmerksamkeit, die vom Meditierenden als höchste Wachheit beschrieben wird. Die Hirnforscher sprechen von der sogenannten Gamma-Aktivität des Gehirns, wobei Erregungswellen mit Frequenzen von über 30 Hertz (Schwingungen pro Sekunde) über das gesamte Denkorgan huschen. Die Höhe der Frequenzen steht für bestimmte geistige Zustände. So begleiten etwa die niederfrequenten Delta-Wellen unsere Tiefschlaf-Phasen. Alpha-Wellen mit einer Frequenz von etwa 10 Hertz kennzeichnen einen entspannten Wachzustand, während die Gamma-Wellen alle möglichen Höchstleistungen des Gehirns begleiten.

Diese Gamma-Wellen, die synchron über das gesamte Gehirn schwingen, sind wohl dafür verantwortlich, dass der Meditierende keinen Unterschied mehr spürt zwischen dem eigenen Ich und dem Kosmos um ihn her.

Und dieses geistige Verschmelzen ist ja die zentrale spirituelle Erfahrung der Meditation oder inneren Einkehr. Wird diese über Jahre intensiv gepflegt, hinterlässt sie Spuren im Gehirn und damit in der gesamten Persönlichkeit des Meditierenden. Geistige Übung, ob mit oder ohne religiösem Hintergrund, verändert den Menschen zum Positiven. Niemand muss also der bleiben, der er heute ist. Durch Meditation oder Andacht wird man auf lange Sicht ein anderer (besserer) Mensch. Man lädt gleichsam Gott oder das Universum zu sich ein. Die Tür, die man dabei öffnet, liegt im eigenen Gehirn, genauer: im linken Schläfenlappen. Hirnforscher sprechen bereits von einem »Gottesmodul« in unserem Hirn. Nüchtern gesagt: Religiosität ist die Fähigkeit, dieses Hirnareal zu aktivieren und für sich zu erschließen.

Wenn wir sagten, dass Meditation und andere Formen der Versenkung die Persönlichkeit eines Menschen zum Positiven verändern können, so stellt sich natürlich die Frage, ob man sich mit Religiosität nicht überhaupt etwas Gutes tut. Oder ganz praktisch gefragt: Sind Glaube und Religiosität am Ende nicht einfach gesund? Tatsächlich sind die nimmermüden Wissenschaftler auch dieser Frage nachgegangen. Denn es gilt als eine allgemein anerkannte Wahrheit, dass in allen Kulturen die Menschen aus ihrer Religiosität Kraft und Zuversicht schöpfen, gerade in schlechten Zeiten; die Religion vermittelt das Gefühl von Sicherheit. Wissenschaftliche Studien meinen zeigen zu können, dass gläubige Menschen mit ihren Problemen meist besser umgehen können. Das heißt nicht, dass man mit Beten und Meditieren automatisch gesund wird im

Körper und in der Seele. Aber beides kann zum allgemeinen Wohlbefinden eines Menschen beitragen. Es zeigt sich, dass gläubige Menschen meist zufriedener, gelassener, auch achtsamer sind als andere. Dementsprechend leiden sie weniger und lassen eher zu, was mit ihnen passiert, was nicht heißen muss, dass man deshalb dem Leben passiv gegenübersteht. Daraus sollte freilich nicht der Schluss gezogen werden, dass sich der religiöse Glaube wie ein Heilmittel einsetzen lässt. Das widerspräche vollkommen dem Wesen des Glaubens; er darf nicht funktionalisiert oder verordnet werden.

Bei all dem Gesagten sollte man eines nicht vergessen: Einen Glaubenswert stellt das Gebet für sich allein noch nicht dar. Religion kann allein auf dem Gebet nicht begründet werden, auch wenn es ihre wichtigste tragende Säule ist. Da muss schon noch etwas anderes hinzukommen. Das Gebet ist die beste Möglichkeit, sich seiner Religiosität gewiss zu werden, aber es ist nicht Religion. Das Gebet ist etwas Gelegentliches, Religion ist etwas Fortwährendes. Oder mit anderen Worten: Andächtig beten ist leichter als gut handeln. Das Gebet ohne die rechte Tat ist letztlich wertlos. Allein die rechte Tat stellt den Menschen zu jeder Zeit vor Gott; sie kann zu jeder Stunde, in jeder Situation von jedem Menschen gefordert werden. Von dem Schriftsteller Erich Kästner (1899–1974) stammen die schönen Worte: »Es gibt nichts Gutes, außer man tut es.« Damit ist Religion auf den Punkt gebracht.

War Jesus Gott
und Mensch zugleich?

Als Kind hat mich an Jesus immer etwas gestört: dass er, der doch als Sohn Gottes wundermächtig ist, sich alles gefallen lässt, was die Menschen ihm antun. Im Grunde habe ich ihm nie verziehen, dass er sich ans Kreuz hat schlagen lassen. Diese Ohnmacht bis in den Tod passt doch nicht zu einem Allmächtigen, so dachte ich. Und in diesem Gedanken keimte langsam ein weiterer: War Jesus am Ende gar nicht Gottes Sohn, sondern einfach nur ein außergewöhnlicher, von Gott ergriffener Mensch, der die Welt zum Besseren verändern wollte? Doch egal, ob Jesus der Sohn Gottes oder einfach nur Mensch oder beides zugleich war – er erregte mein Mitleid. Und das ist noch heute so: Jesus tut mir leid. Er tut mir vor allem als Gott leid.

Dass Jesus selbst sich für den »leiblichen« Sohn Gottes gehalten hat, ist unwahrscheinlich. Für einen tief im jüdischen Glauben verwurzelten Menschen – und das war Jesus! – wäre solch ein Gedanke frevelhaft gewesen. Neben Gott hat es keinen anderen Gott zu geben, auch nicht in Sohnesgestalt, so lehrt uns die Bibel. Gott ist im jüdischen Glauben unteilbar Einer. Jesus spricht im Neuen Testament zwar oft von seinem »Vater im Himmel«, aber davon sprechen bis heute alle frommen Juden. Als »Herr der Welt« wurde Gott als ein väterlicher Gott vorgestellt.

Auch im »Vaterunser« sprechen die Christen Gott als ihren »Vater« an, ohne sich für Gottes wirkliche Töchter und Söhne zu halten.

Auch Jesu Jünger und Jüngerinnen betrachteten ihren Meister gewiss nicht als einen von Gott mit einer irdischen Frau gezeugten »Halbgott«. So etwas kam in der heidnischen Götterwelt der Griechen vor, von der sich das Judentum streng abzugrenzen wusste. Vielmehr erlebten die ersten »Judenchristen« ihren Meister als wundermächtigen und leidenschaftlichen Prediger eines zu erneuernden Judentums. Jesus lag gewiss nichts ferner, als den Glauben der Vorväter – und seines »Vaters im Himmel« – zu zerstören und eine neue, vom Griechentum geprägte Religion an seine Stelle zu setzen.

Die Idee, Jesus als Gottes Sohn zu deuten, der vom Tode auferstanden und in den Himmel aufgefahren ist, stammt von dem Griechen Paulus – bezeichnenderweise von jenem Apostel, der Jesus selbst nicht mehr erlebt hat. Seine Konstruktion eines Gottes, der mit einer irdischen Frau (Maria) einen Sohn zeugt, bedeutet den Bruch mit dem Judentum. Bis dahin bildeten die Anhänger Jesu eine jüdische Sekte, die sich zwar von einer Reihe jüdischer Gesetze distanzierte, sich aber dennoch weiter dem Judentum zugehörig fühlte. Dass ein Gott mit einer Irdischen ein Kind zeugt, war im Mythos des griechischen Heidentums gang und gäbe, und zweifellos hatte sich der griechische Jude Paulus davon inspirieren lassen. Erst Paulus machte aus dem Juden Jesus die vom Griechentum geprägte Christusfigur. Auch die paulinische Idee der Auferstehung Christi findet sich zahlreich in den antiken griechischen Mythen, wo Götter und Halbgötter eine Zeit lang in die Unterwelt verbannt werden oder freiwillig dorthin gehen, um irgendwann wieder zurückzukehren. Besonders die Geschichten um den Weingott Dionysos liefern viele Parallelen zu Christus, der ja auch als »Gott des Weines« auftritt und sich als »Weinstock« versteht. Auch Dionysos stieg, nachdem er seine Anbetung in der ganzen Welt erzwungen hatte, zum Himmel auf und sitzt dort zur Rechten des Gottvaters Zeus.

Für die Juden – und später auch für die Muslime – ist es eine Ungeheuerlichkeit, den einen Gott gleichsam in zwei Personen (Vater und Sohn) aufzuspalten, ja, diese Zweiheit noch zu einer göttlichen Dreiheit zu erweitern (Heiliger Geist) und dieser später noch eine Art Halbgöttin in Gestalt der »Gottesmutter« Maria zur Seite zu stellen. Aus dem einen Gott wird so ein »dreifaltiger Gott« mit starker (katholischer) Tendenz zur »Vierfaltigkeit« (Gott-Vater, Muttergottes, Gottes Sohn und Heiliger Geist). Ohne diese radikale Umdeutung des alttestamentarischen Gottes wäre aus der jüdischen Sekte der Jesus-Jünger wohl niemals eine neue machtvolle Religion geworden. Paulus, nicht Jesus, war der »Erfinder« des Christentums. Dass Jesus ein Gott sein soll, lässt sich aus den Evangelien selbst nicht ableiten. Wenn, dann haben ihn seine Jünger und Jüngerinnen als den Messias der Juden angesehen, wobei unklar bleibt, ob Jesus selbst sich als solcher verstanden hat.

Das junge Christentum hatte anfangs große Probleme mit der Vorstellung eines »dreifaltigen« Gottes. Es bildeten sich Richtungen heraus, die die Göttlichkeit Jesu bestritten, so etwa der Arianismus des 4. Jahrhunderts, der in Jesus nicht Gottes Sohn sah, sondern nur dessen vornehmstes Geschöpf. Und dieser gottgefälligste aller Menschen sollte eine vermittelnde Stellung zwischen Gott und der Welt einnehmen. Jesus Christus, so meinten die Arianer, sei zwar mehr als ein Mensch, aber doch weniger als ein Gott. Doch der Arianismus konnte sich auf Dauer nicht durchsetzen. Es ist unbestritten, dass das Christentum seinen atemberaubenden Siegeszug der paulinischen Idee verdankt, in Jesus den Mensch gewordenen Gott zu sehen. Denn der Mensch kann sich selbst nicht stärker erhöhen, als dass Gott sich zu ihm herablässt, um selber Mensch zu werden, mehr noch: sich für alle Menschen zu opfern, um deren ererbte Sündhaftigkeit zu tilgen. Wenn Gott das tut, muss ihm der Mensch schon ein großes Anliegen sein. Gott wurde, so verheißt das Christentum, in Jesus einer von uns – und das vergöttlicht uns selbst ein Stück weit.

Nur, das mit Jesus, dem Gottessohn, ist reine Glaubenssache. Sicher ist nur, dass Jesus ein Mensch war, nicht anders als Moses, Buddha oder Mohammed. Aber ein Gott? Zweifel sind schon deshalb angebracht, weil dieser Eine Gott, der auch der Gott der Juden und Muslime ist, in den beiden anderen monotheistischen Religionen keinen Sohn hat. An diesem Beispiel sieht man, dass Religion etwas vom Menschen Gemachtes ist. Der Eine Gott wird, je nach Kulturkreis, unterschiedlich gesehen. Das wäre nicht weiter schlimm, wenn nicht jede Religion den Anspruch erheben würde, die einzig wahre Gottesschau zu besitzen. Aber mit welchem Recht wird dieser Anspruch erhoben? Mit gar keinem Recht. Dieses Recht könnte nur von Gott verliehen werden, doch der hält sich aus dem Streit der monotheistischen Religionen heraus. Zwei der drei Religionen des Einen Gottes sehen in Jesus keinen Sohn Gottes; nur eine, das Christentum, tut dies. Die Wahrheit weiß nur Gott, doch ist zu vermuten, dass alle drei Religionen recht haben.

Um zu unserer Ausgangsfrage zurückzukehren: Ob Jesus Gott und Mensch zugleich war, ist keine entscheidende Glaubensfrage, da sie nicht von allen Religionen gestellt wird, sondern allein vom Christentum. Doch wie der Arianismus gezeigt hat, kann man auch Christ sein, ohne in Jesus einen Sohn Gottes zu sehen. Dass der Arianismus sich nicht durchsetzen konnte, muss nicht heißen, dass er falsch war. Oft setzt sich nicht das Richtige, sondern nur das Stärkere durch. Vielleicht verlangt das christliche Glaubensbekenntnis deshalb so nachdrücklich den Glauben an die Göttlichkeit Jesu, weil zu Beginn des Christentums darüber keine Einigkeit bestand.

Worum geht es an Weihnachten?

Laut Umfragen kennt ein Drittel der deutschen Schulkinder den Anlass des Weihnachtsfestes nicht. Also sei hier gleich zu Anfang festgestellt: An Weihnachten feiert die Christenheit die Geburt Jesu. So sollte es zumindest sein. Man gewinnt allerdings leicht den Eindruck, dass an Weihnachten sich jeder – über die Geschenke, die er bekommt und verteilt – selber feiert. Das wäre dann als großes Missverständnis dieses Festes zu deuten. Es geht ohnehin nicht um den Heiligen Abend, also den 24. Dezember, denn Jesu Geburtstag ist einen Tag später.

Tatsächlich aber liegt die Geburt Jesu im Dunkeln. Wir feiern seinen Geburtstag, ohne ihn zu kennen. Nicht mal das Geburtsjahr Jesu ist bekannt. Allerdings spricht einiges dafür, dass Jesus um das Jahr 4 v. Chr. geboren wurde. Es stimmt also streng genommen gar nicht, dass mit Jesu Geburt die moderne Zeitrechnung beginnt. Der Geburtstag Jesu ist nachträglich von der Kirche – und zwar erst im Jahre 354 von Papst Liberias – festgelegt worden. Als Datum wählte man den 25. Dezember. Der Heilige Abend ist also nicht, wie viele meinen, der symbolische Geburtstag Jesu, sondern nur dessen Vorabend.

Die Gründe für die Festlegung auf den 25. Dezember sind nicht eindeutig. In einigen frühchristlichen Quellen aus dem 3. Jahrhundert wurde dieser Tag unter der Annahme ausgewählt, dass Jesus am 25. 3. (Tag des Frühlingsanfangs im alten römischen Kalender) von seiner Mutter Maria empfangen wurde. Wahrscheinlicher ist jedoch, dass einfach der Festtag des alten römischen Gottes »Deus sol invictus« (unbesiegbarer Sonnengott) übernommen wurde, indem man diesen heidnischen Festtag im christlichen Sinne umgedeutet hat. Der 25. Dezember ist also ein alter römischer Sonnen-Festtag. Das Christentum hat ja viele heidnische Feste in sich aufgenommen und mit christlichen Inhalten versehen. So war es leichter, die Heiden für das Christentum zu gewinnen. Aber auch die Römer gestalteten ihre Götter so, dass sie auch den Völkern der eroberten Länder vertraut erschienen. Besonders »Deus sol invictus« war ein Gott, in dessen Verehrung sich sämtliche Angehörige des Römischen Reichs finden konnten. Sogar die Bewohner der nördlichen Provinzen, also Kelten, Germanen, Illyrer, konnten ihre eigenen Sonnenkulte mit diesem römischen Reichsgott vereinbaren. Er war ihnen wesensgemäß. Nicht anders war das bei dem neuen Gott Jesus Christus, den man ihnen missionarisch nahezubringen suchte.

Als Lichtbringer und Besieger der (geistigen) Finsternis hatte Christus zum Beispiel große Ähnlichkeit mit dem griechischen Gott Helios, aber mehr noch mit dem Gott Apollon. Wie dieser griechische Lichtgott, so wird auch Christus mit langen Haaren, den Attributen des Sonnengotts, dargestellt. Typisch apollinisch ist auch die strenge Klarheit Christi, sein überlegener Geist, sein gebieterischer Wille zur Einsicht, zur Wahrheit, zum rechten Maß und zur Ordnung. In Christus wird insgeheim die wahre Sonne verehrt, die Sonne des Geistes, der Erkenntnis und der Wahrheit.

An Weihnachten feiern wir also die Geburt eines echten Lichtgotts. Mitten im Winter, wenn die Nacht am längsten ist, kommt in Gestalt des Neugeborenen jene Gottheit zu uns, die die geistige Finsternis überwinden wird. Auf der südlichen Erdhalbkugel gilt das freilich nicht; dort begeht man Weihnachten in der Fülle des sommerlichen Lichts, denn dort hat dann die Sonne gerade ihren höchsten Stand erreicht. Aber auch das lässt sich sehr schön christlich deuten: Das Licht der Erkenntnis und Wahrheit erhält in Christus seine höchste Kraft.

Jesus wird also im Zeichen der Sonne und des Lichts geboren. Dies bringen wir zum Ausdruck, indem wir überall Lichter anstecken. Zum zentralen Sinnbild wurde seit dem 19. Jahrhundert der lichtergeschmückte Weihnachtsbaum. Im 20. Jahrhundert kam der Adventskranz hinzu, der die vierwöchige Vorbereitungszeit (Advent) begleitet. Das Wort »Advent« ist lateinischen Ursprungs und bedeutet »Ankunft«. Darin soll die Vorfreude über das Kommen Christi zum Ausdruck gebracht werden. Gleichzeitig haben die vier Adventssonntage Bußcharakter, ohne jedoch als echte Fastentage zu gelten. Heutzutage weiß davon fast niemand mehr. Früher wurde während dieser vier Wochen gefastet, ehe man die als Heilmittel verstandenen Lebkuchen aus den Klosterküchen genießen durfte. Heute wird der Beginn der Adventszeit von den Geschäftsleuten immer weiter vorverlegt, nicht der Buße wegen, sondern zum Zweck der Konsumsteigerung. Lebkuchen gibt es schon im September – damit sie einem an Weihnachten so richtig zum Hals raushängen.

Im eigentlichen Sinn erstreckt sich Weihnachten noch

über die Feiertage hinaus bis zum 6. Januar, Epiphanias (Erscheinung) genannt, das volkstümlich zum Fest der Heiligen Drei Könige wurde. Für den christlichen Glauben ist Epiphanias das Fest des Erscheinens Gottes in der Welt in Gestalt Jesu Christi. Im Grunde erschien Gott natürlich im Augenblick von Jesu Geburt in der Welt, aber da wusste die Welt ja noch nichts davon. Durch die Heiligen Drei Könige nimmt die Welt zum ersten Mal an der Geburt des Gottessohns Anteil.

Die Weihnachtszeit geht sogar noch über Epiphanias hinaus; nach dem liturgischen Kalender endet sie erst am 12. Januar, dem Fest der Taufe Jesu. Aber welche Taufe ist hiermit gemeint? Der neugeborene Jesus wurde ja nicht getauft. Vielmehr wurde an ihm nach jüdischem Brauch am achten Tag nach der Geburt die Beschneidung vollzogen. Jesus wurde erst als erwachsener Mann von Johannes getauft, wobei es sich dabei nicht um eine christliche Taufe, sondern um die Taufe einer jüdischen Sekte handelte. Vom Christentum kann man ja erst sprechen, seit Jesus am Kreuz gestorben ist.

Wenn die Christenheit an Weihnachten die Geburt Jesu feiert, so feiert sie – und das ist der tiefste Sinn von Weihnachten! – die Vereinigung der menschlichen Natur mit dem göttlichen Wesen: Gott ist Mensch geworden – und der Mensch damit auch göttlich. Es findet eine Art von wunderbarem Tausch statt. Um diesen Tausch geht es in der Christmette, die in der Nacht vom 24. zum 25. Dezember gefeiert wird. Dieser Tausch, so verheißt das Christentum, verändere das Menschsein von Grund auf, weshalb die tiefere Botschaft von Weihnachten lautet: Fühle dich von der Menschwerdung Gottes herausgefordert, dein Leben zu Gott hin zu ändern, es gleichsam zu vergöttlichen. Der protestantische Theologe Paul Tillich (1886–1965) sprach vom »Ruf, das neue Sein zu empfangen«. Und dieser Ruf ergeht besonders zu Weihnachten an uns.

Weihnachten ist also ein Fest, bei dem es nicht nur um Frieden und Liebe und familiären Frohsinn geht, sondern auch um Veränderung, Erneuerung und Weiterentwicklung. Letztlich will Weihnachten in jedem Einzelnen die Sehnsucht nach Vergöttlichung des eigenen Selbst wecken. Jeder soll versuchen, sein bloß im Irdischen verhaftetes Menschsein zu überwinden. Damit erscheint der Glaube als ein Versuch, über sich selbst hinauszuwachsen.

Weihnachten erzählt also nicht nur eine anrührende Geburtsgeschichte, die sich unter ärmlichsten Bedingungen zugetragen hat, sondern es erzählt auch vom Abenteuer und Wagnis des Glaubens. Wer diesem Kind in der Krippe, das Gott ist, folgt, muss mit Erschütterungen rechnen. Doch ein Glaube, der nicht auch zu erschüttern vermag, wäre ein schwacher Glaube. Das Kind in der Krippe breitet seine Arme aus: Das ist die Geste des Segnenden, aber es ist auch die Haltung des Gottes am Kreuz. Das soll heißen: In der Geburt Christi ist die Erlösung bereits geschehen.

Worum geht es an Ostern?

Ostern ist ein Fest der extremen Gegensätze. Am Karfreitag gedenken die Christen des schrecklichen Foltertods Jesu am Kreuz, am Sonntag darauf feiern sie die wunderbare Auferstehung Christi. Diese Gegensätzlichkeit ist gewiss auch der Grund, wieso Ostern gegenüber Weihnachten das prägendere Fest ist. Oder salopp ausgedrückt: Geboren zu werden ist nichts Besonderes, von den Toten zurückzukehren jedoch schon.

Die Ostergeschichte ist in ihrem ersten Teil eine grauenvolle Leidensgeschichte, die durch die tiefmelancholische Stimmung des letzten Abendmahls – das jüdische Pessach-Fest, das Jesus mit seinen Jüngern feiert – eingeleitet wird. Der Katastrophe am Kreuz folgt der strahlende Triumph der Auferstehung aus dem Reich der Toten, worin Jesus seine Göttlichkeit unter Beweis stellt, wofür es aber, weil es um Glauben geht, gar keines Beweises bedarf. Während der Tod Jesu am Kreuz ein geschichtliches Faktum ist, ist seine Auferstehung die tiefste, nach keinem Beweis verlangende Glaubenswahrheit.

Trotz der Leidensgeschichte, die die Evangelien in brutalen Folterszenen schildern, ist Ostern den Christen ein Freudenfest. Denn Jesus nahm diesen schrecklichen Tod auf sich, um die Menschen von Schuld und Tod zu erlösen – zumindest jene, die an ihn glauben. Dass die Christen zu einem gemarterten, nackten Menschen am Folterkreuz beten, hat freilich die Gläubigen anderer Religionen von jeher befremdet oder gar abgestoßen. Aus der Perspektive anderer Religionen, zumal jener, die von Gott kein Bild haben, musste das Kruzifix wie ein heidnischer Götze erscheinen.

Das christliche Osterfest ist unlösbar mit dem jüdischen Pessach- oder Passah-Fest verbunden, genauer: der Seder-Nacht, bei der die Juden des Auszugs ihres Volks aus Ägypten gedenken. Mit »Seder« ist die häusliche Feier der Pessach-Nacht gemeint. Jesus feierte also mit seinen zwölf Jüngern das rituelle Seder-Mahl. Dieses wurde dann vom Christentum zum Abendmahl umgedeutet: als symbolisches Opfermahl, bei dem sich Jesus seinen Jüngern als »Opferlamm« darbietet, um damit einen »Neuen Bund« zu beschließen. Daraus wird später unter dem Einfluss griechischer Mysterienkulte die christliche Eucharistie werden, also die Feier des heiligen Abendmahls als Höhepunkt des christlichen Gottesdienstes.

Ursprünglich wurde das christliche Osterfest zur selben Zeit wie das jüdische Pessach-Fest gefeiert, nämlich in der Nacht des ersten Vollmonds nach Frühlingsanfang. Erst mit dem Konzil von Nicäa im Jahre 325 wurde Ostern auf denjenigen Sonntag gelegt, der dem ersten Frühlingsvollmond folgt, wobei als erster Frühlingstag der 21. März bestimmt wurde. Ostern kann also frühestens an einem 22. März stattfinden und spätestens am 25. April, sodass es insgesamt 35 verschiedene Ostertermine gibt.

In den Evangelien wird allerdings nicht das Allgemeine der jüdischen Seder-Feier dargestellt, sondern das Besondere des letzten Seders Jesu mit seinen Jüngern. Die Feier steht ganz unter dem Eindruck der Todesahnung Jesu. Dennoch bleibt das ursprüngliche Wesen der Seder-Feier erhalten: Gedenken an die Rettertat Gottes beim Auszug seines auserwählten Volks aus Ägypten. Jesus greift diesen Rettungsgedanken auf; er wird sich in dieser Nacht seiner eigenen Sendung als Retter der Menschheit bewusst. Er offenbart sich seinem engsten Jüngerkreis als der zum Leiden ausersehene Menschensohn und Knecht Gottes, der sein Vater ist. Nachdem Jesus mit seinen Jüngern das Seder-Mahl beendet hat, verteilt er das letzte ungesäuerte Brot (Mazze): »Und er nahm das Brot (die Mazze), dankte (das heißt, er sprach den jüdischen Tischdank, ›Birkath Hamason‹ genannt) und sprach: ›Das ist mein Leib, der für euch gegeben wird, das tut zu meinem Gedächtnis.‹ Ebenso nahm er den Becher nach dem Abendmahl (der dritte vorgeschriebene Becher der Seder-Nacht) und sprach: ›Das ist der Becher des Neuen Bundes in meinem Blut, das für viele vergossen wird.‹« So steht es im Lukas-Evangelium, freilich ohne die Erklärungen in den Klammern.

Jesus will also bewusst einen Neuen Bund begründen; er verwendet dafür aber die dem Alten Bund zugehörige Tradition der jüdischen Seder-Feier. Diese wandelt er in entscheidenden Punkten ab und deutet sie neu. Das ungesäuerte Brot (Mazze), das Jesus bricht und an seine Jünger verteilt, soll seinen eigenen Leib symbolisieren, der zerbrochen wird. Der »Becher des Zorns« (der dritte vorgeschriebene Trunk der jüdischen Seder-Nacht) wird in den Becher des vergossenen Bluts zur Vergeltung der Sünden umgedeutet. Eine weitere bewusste Abwandlung des Seder-Rituals begeht Jesus in der Fußwaschung, die er vor den Beginn der Seder-Feier setzt. Er wäscht seinen Jüngern die Füße, was diese als Selbstdemütigung Jesu missverstehen und nur widerstrebend an sich geschehen lassen. Nach jüdischem Gebot – darauf weist der Jünger Petrus hin – sind ja nicht die Füße, sondern die Hände und das Haupt zu waschen. Jesus wandelt besonders in diesem Punkt den jüdischen Seder-Ritus bewusst in sein Gegenteil um. Nicht er lässt sich die Hände und das Haupt waschen, sondern wäscht selbst die Füße der Jünger. Er macht sich damit symbolisch zum Knecht, so wie sich die Jünger in seiner Nachfolge ebenfalls zu Knechten machen sollen.

Natürlich weiß Jesus, dass diese Übertretungen frevlerisch sind. Doch er rechtfertigt sie mit dem neuen Heilszusammenhang. Das Seder-Mahl wird zu einem Gedächtnis-Mahl Jesu umgewandelt und damit ein neuer religiöser Zusammenhang hergestellt: sein naher Tod wird erlösend für die ganze Menschheit sein. Jesus ging es also keineswegs darum, das jüdische Pessach-Fest abzuschaffen; er stellte nur eine Verbindung her zwischen der Erinnerung an die Erlösung aus ägyptischer Knechtschaft und der Erinnerung (seiner Jünger) an seine eigene Opfertat. Es geht so oder so um heilige Erinnerung.

Ostern bedeutet für die Christen aber mehr als nur die Einsetzung des Abendmahls zur Begründung eines Neuen Bundes mit dem Mensch gewordenen Gott. Ostern *ist* der Tod Christi am Kreuz und seine Auferstehung am dritten Tag danach. Ostern ist die Katastrophe, die zum Triumph wird. Damit aber war das Osterfest von Anbeginn ein schwieriges Fest. Es wurde zur Quelle der religiösen Feindschaft zwischen Juden und Christen. Denn den Tod Jesu lasteten die Christen sehr bald den Juden an, nicht irgendwelchen Juden, sondern den Juden als solchen. Tatsache ist, dass Jesus vom obersten jüdischen Gericht, dem Großen Synhedrium, unter Führung des Hohepriesters Kaiphas wegen zahlreicher Verstöße gegen die Sabbat-Gesetze zum Tode verurteilt und an die römischen Besatzer ausgeliefert wurde. Nicht *die* Juden haben den Juden Jesus ans Kreuz gebracht, sondern die Priesterschaft unter Führung des Kaiphas. Übersehen wird zudem, dass es sich bei dem Prozess gegen Jesus nicht nur um einen religiösen, sondern vor allem um einen politischen Prozess gehandelt hat. Denn Jesus wurde auch als Unruhestifter betrachtet, dem das Volk immer zahlreicher zulief – und das in einer Situation, in der das jüdische Volk von den römischen Besatzern massiv unterdrückt wurde. Jesus wurde als Gefahr für das jüdische Volk empfunden, denn die Römer würden diese Unruhe nicht länger dulden und in gewohnter Brutalität gegen die Bevölkerung vorgehen. Tatsächlich mündete der Aufruhr im jüdischen Volk, der ja nicht allein durch Jesus entfacht wurde, in einen jüdisch-römischen Krieg. Dieser endete mit der Zerstörung Jerusalems und seines Tempels im Jahre 70 n. Chr. Kaiphas wusste, mit wem er es bei Pontius Pilatus, dem römischen Statthalter in Judäa, zu tun hatte; er galt als starrsinnig, grausam und böse.

Kaiphas lieferte Jesus an Pilatus aus, um das Volk vor größerem Schaden zu bewahren. Im Johannes-Evangelium (Kapitel 11, Vers 50) stehen dafür die beredten Worte des Kaiphas: »Es ist uns besser, ein Mensch sterbe für das Volk, denn dass das ganze Volk verderbe.« Die Auslieferung Jesu an die Römer war also schon beschlossene Sache, ehe Jesus von Kaiphas ins Verhör genommen wurde. Das scheint auch Jesus gewusst zu haben. Er lehnte es ab, sich vor seinen geschworenen Feinden im Synhedrium zu verteidigen.

Dass aber die Juden als ganzes Volk die Kreuzigung Jesu verlangt haben sollen, wird durch jene Stellen in den Evangelien belegt, wo Pilatus im Rahmen einer Fest-Begnadigung das versammelte Volk von Jerusalem entscheiden lässt, ob der politische Gefangene Barabbas oder Jesus begnadigt werden soll. Die anwesende Menge entscheidet sich für die Begnadigung des Barabbas und die Hinrichtung Jesu. Hier fällt übrigens ein ziemlich schlechtes Bild auf die Jünger Jesu, die ihn allesamt verraten und verleugnen. Allerdings kann man ihnen zugutehalten, dass sie ja wussten, dass Jesu Tod am Kreuz unabwendbar war, da Jesus selbst ihn vorausgesehen hatte, mehr noch: Gott-Vater wollte den Kreuzestod seines Sohnes.

Nun, das ist alles ziemlich verworren und verwirrend. Verwirrend ist auch der grausame Ruf der Volksmenge, nachdem sie sich für Barabbas und gegen Jesus entschieden hat: »Sein (Jesu) Blut komme über uns und unsere Kinder!« Das kann als eine Art Selbstverfluchung der aufgebrachten Volksmenge gedeutet werden. Und so geschah es auch. Der Satz wurde zum weltgeschichtlichen Verhängnis für das jüdische Volk. Die religiöse Verfolgung der Juden durch die Christen während zweier Jahrtausende wurde letztlich mit dieser einzigen Bibelstelle gerechtfertigt: Die Juden würden ja nur bekommen, was sie selbst vorausgesagt haben. Gestützt auf die angebliche Selbstverfluchung wurden Gewalttaten und Morde an Juden von fanatisierten Christen verübt. Aus diesem angeblichen Ruf der jüdischen Volksmenge vor der Residenz des Pontius Pilatus hat das Christentum eine Gesamtschuld der Juden am Kreuzestod Jesu konstruiert und daraus deren Verfolgung und teilweise Vernichtung gerechtfertigt. Dabei hat Jesus selbst durch sein Gebet am Kreuz die Schuld seines Volks, falls es eine gibt, mit den Worten aufgehoben: »Vater, vergib ihnen, denn sie wissen nicht, was sie tun.«

Theologisch sieht ohnehin alles ganz anders aus. Jesus starb am Kreuz, nicht weil die Juden oder die Römer es wollten, sondern weil Gott, genauer: Gott-Vater, es so wollte. Es gibt überhaupt keine Schuldigen für den Kreuzestod Jesu, weil dieser Gottes ureigenster Wille war. Diese religiöse Wahrheit hat das Christentum verdrängt und damit den Kern seiner Lehre vernebelt. Der Gottessohn wollte durch seine Selbstopferung die Menschheit von der Sünde erlösen. Das Christentum aber benützte dieses Selbstopfer seines Gottes dazu, aus dem von Gott auserwählten Volk der Juden ein Volk von Christusmördern zu machen. Aus der historischen Schuld einiger Juden – falls diese überhaupt nachzuweisen ist – wurde eine über Jahrtausende gültige Schuld aller Juden konstruiert.

Wie soll man das verstehen? Steckt dahinter womöglich ein barbarischer, ganz und gar unchristlicher Rachegeist? Denn schließlich entzündete sich der ganze mittelalterliche Judenhass im Christentum an dem Wort »Christusmörder«, das als eine Art Codewort für die Rache eingesetzt wurde. Das Schicksal der Juden, ihr Herumirren unter den sie verachtenden und verfolgenden christlichen

Völkern, wurde als eine angemessene Strafe dafür angesehen, Jesus gekreuzigt zu haben. Dabei hatte schon der Apostel Paulus solche Feindseligkeit verworfen, wohl wissend, dass der Hass auf die Juden nur der Hass auf die eigenen Wurzeln ist. Das Christentum hat während zweitausend Jahren nicht bemerkt, in welch tiefen Widerspruch es sich mit seinem Christusmörder-Vorwurf verstrickte. Denn nach christlichem Verständnis war der Kreuzestod Jesu ein Akt der Erlösung für die ganze Menschheit, zu der, was geflissentlich übersehen wurde, gerade auch Jesu eigenes Volk gehört.

Golgatha war die Stiftungskatastrophe des Christentums. Ohne Kreuzigung Jesu keine christliche Heilslehre, kein Neues Testament, keine neue Religion. Wenn man die Juden zu Christusmördern erklärt, wie im Mittelalter geschehen, sollte man wenigstens hinzufügen, dass sie nur den Willen Gottes erfüllten, also ganz in seinem Sinne gehandelt haben. Die Kreuzigung war göttlicher Wille und göttliche Tat – eine heilige und heilsame Tat für die ganze Menschheit. Wer den Juden das Wort »Christusmörder« entgegenschreit, verleugnet den Erlösungsgedanken, der unlöslich mit Golgatha verbunden ist. Für einen Christen gibt es keinen Grund, die Kreuzigung Jesu zu bedauern und zu betrauern; erst sie gibt dem Leben der Christen einen Sinn: auf Erlösung hoffen zu dürfen. »Judenhass«, so hat der berühmte Psychologe Sigmund Freud (1856–1939) gesagt, »ist Christenhass.« Judenhass ist Christushass und damit Gotteshass. Denn Gott ist als Jude Mensch geworden. Wie kann man als Christ überhaupt ein Volk hassen, dem Jesus, Maria und alle Apostel angehörten? Im modernen Antisemitismus spielt das alles freilich keine Rolle mehr, hier bedient sich der Hass auf die Juden anderer Propaganda-Mittel.

Aber kehren wir noch einmal zum Osterfest zurück. Wie wir schon sagten: Gefeiert wird der erlösende Tod eines Gottes in Menschengestalt und seine wunderbare Auferstehung. Gefeiert wird ein Neuer Bund zwischen Gott und den Menschen, indem Gott selbst Mensch geworden ist. Die Zeichen dieses Neuen Bundes sind Brot und Wein. Doch dieser Neue Bund ist unlösbar im Alten, am Berg Sinai gestifteten Bund verwurzelt. Das Lamm, das die Juden an Pessach opferten, wird für Jesus zum Symbol seines eigenen Opfertods; er versteht sich als »Lamm Gottes«, das mit seinem von Gott gewollten Tod die Sünden der Welt auslöscht. Der Alte Bund war einer zwischen Gott und seinem auserwählten jüdischen Volk. Der Neue Bund ist einer zwischen Gott und allen Menschen – ohne dass hier freilich die Religionen des Ostens (Buddhismus und Hinduismus) gefragt worden sind. Diese sind bis heute nicht in diesen Bund eingetreten, so wenig wie die Juden. Und im Islam wurde 600 Jahre nach Christus ein weiterer neuer Bund mit Gott geschlossen, ein »ganz neuer Bund«, wenn man so will. Und wer weiß, ob dieser der letzte ist?

Worum geht es an Pfingsten?

Zum Pfingstfest fällt dem Durchschnittschristen fast gar nichts ein – vom »Pfingstochsen« einmal abgesehen. Das sagt bereits alles über dieses hohe Kirchenfest: Es ist dem Christen das fremdeste von allen. Ach ja, wieso eigentlich »Pfingstochse«? Weil Pfingsten in die Zeit des ersten Weidenauftriebs in den Alpen fällt, wobei das erste oder letzte Tier der Herde mit Blumen und Bändern geschmückt wird.

Ostern und Pfingsten haben etwas miteinander gemein: Beide christlichen Feste sind aus jüdischen hervorgegangen. Pfingsten hat seine Wurzel im jüdischen »Schawuot«, dem »Wochenfest«. Ursprünglich war dieses das Fest der Weizenernte. Als Festgabe brachten die Juden dazu zwei Brote in den Tempel. Es wurde 50 Tage nach dem Pessach-Fest gefeiert. Das Gleiche gilt für das Pfingstfest, das seinen Namen vom griechischen »pentakoste« hat, was »50 Tage« bedeutet.

Doch »Schawuot« war mehr als nur ein Erntefest. Sein tieferer Sinn liegt im Erinnern an die Offenbarung Gottes am Berg Sinai im »dritten Monat nach dem Auszug der Israeliten aus Ägypten«. Da gab Gott den Juden die Tora, also das Gesetz, wie es in den fünf Büchern Mose dargelegt ist. Nicht nur die Zehn Gebote wurden Mose am Sinai geoffenbart, sondern die gesamte Tora. An »Schawuot« wird also nichts Geringeres als der Erhalt der Tora gefeiert.

Die Feier besteht im Lesen der Tora. Der fromme Jude bleibt die ganze Nacht wach, um die Tora zu studieren – ein Fest des Buches also, ein Fest des Geistes.

Diese jüdische Offenbarungstradition setzt das christliche Pfingstfest fort. Fünfzig Tage nach Ostern (Pessach) und zehn Tage nach Christi Himmelfahrt offenbart sich der Sohn Gottes seinen Jüngern und Jüngerinnen noch einmal in rein geistiger Form, symbolhaft dargestellt in den Feuerzungen, die sich auf die Häupter der Versammelten niedersenken – eine Feuertaufe also, keine Wassertaufe! Vor seiner Himmelfahrt hatte Jesus verkündet: »Ich aber werde den Geist, den mein Vater euch versprochen hat, zu euch senden. Wartet hier in der Stadt, bis ihr mit der Kraft von oben gestärkt werdet.« (Lukas, 23. Kapitel, Vers 49.) Vom Pfingstwunder selbst steht jedoch nichts in den Evangelien; darüber wird nur in der Apostelgeschichte berichtet: »Am jüdischen Pfingstfest waren wieder alle, die zu Jesus hielten, versammelt. Plötzlich hörte man ein mächtiges Rauschen, wie wenn ein Sturm vom Himmel herabweht. Dann sah man etwas wie Feuer, das sich zerteilte, und auf jeden von ihnen ließ sich eine Flammenzunge nieder. Alle wurden vom Geist Gottes erfüllt und begannen in verschiedenen Sprachen zu reden, jeder wie es ihm der Geist Gottes eingab. Nun lebten in Jerusalem fromme Juden aus aller Welt. Als sie das mächtige Rauschen hörten, strömten sie alle zusammen. Sie waren bestürzt, denn jeder hörte die versammelten Jünger in seiner eigenen Sprache reden. Außer sich vor Staunen riefen sie: ›Die Leute, die da reden, sind doch alle aus Galiläa! Wie kommt es, dass wir sie in unserer Muttersprache reden hören? Unter uns sind Parther, Meder und Elamiter, Leute aus Mesopotamien und Kapadozien, aus Pontus und aus der Provinz Asien, aus Phrygien und Pamphylien, aus Ägypten, dem libyschen Zyrene und aus Rom, aus Kreta und Arabien, Menschen jüdischer Herkunft und solche, die sich der jüdischen Gemeinde angeschlossen haben. Und trotzdem hört jeder sie in seiner eigenen Sprache die großen Taten Gottes verkünden.‹ Erstaunt und verwirrt fragten sie einander, was das bedeute. Andere machten sich darüber lustig und meinten: ›Die Leute sind doch betrunken!‹« Die Gemeinde, die vom Feuer des göttlichen Geistes ergriffen wird, erscheint Außenstehenden als eine Gesellschaft von Betrunkenen. Und das stimmt ja auch: Trunken sind alle vom Heiligen Geist. Denn religiöse Ekstase ist eine Form von Rausch; sie ist heiliger Rausch.

Diese Offenbarung des Heiligen Geistes hatte von Anbeginn eine große Breitenwirkung; es war keine klassische Offenbarung für eine einzelne, von Gott auserwählte Person, sondern für die Öffentlichkeit. Rasch wurde eine ekstatische Menge von dieser Offenbarung, die wiederum in Jerusalem stattfand, ergriffen. Denn man darf ja nicht vergessen: In Jerusalem sind an diesem Tag, dem jüdischen »Schawuot«, zahlreiche Wallfahrer versammelt. Und dieses jüdische Fest, das wissen wir bereits, ist ja selbst ein Offenbarungsfest, jenes der Sinai-Offenbarung, wo Gott im Feuer auf den Berg herabfährt und seine Stimme aus dem Feuer zum Gottesvolk spricht. Gott spricht aus dem Feuer. Im Hebräischen sind »Sprache« und »Zunge« dasselbe: »laschon«. Das jüdische Wochenfest »Schawuot« ist also selbst als ein Fest des Heiligen Geistes zu verstehen, genauer: des Geistes des Heiligen Gottes (hebräisch: ruach hakodesch). Damit war aber nur Gottes Wirkmächtigkeit gemeint und keine dritte göttliche Person (neben Vater und Sohn) wie im Christentum.

Die Schar der Jünger und Jüngerinnen, die nach Jesu Tod schockiert und entmutigt auseinandergeeilt war, hatte sich erst langsam und angstvoll wieder zusammengefunden. Doch jetzt, nach dieser Offenbarung des Heiligen Geistes, werden die Männer und Frauen mutig und offensiv in die Welt treten und die Frohe Botschaft verkünden. In ihrer Mitte wird auch Maria, die Mutter Jesu, sein. Erst dieses Wunder der Feuerzungen schafft die Gemeinde, in der jeder so stark dem Glauben verpflichtet sein wird, dass er für ihn bereit ist, in den Tod zu gehen.

Pfingsten ist also das Fest des Heiligen Geistes (lateinisch: spiritus sanctus) und damit auch das höchste Fest der Kirche; es ist gleichsam ihr Gründungsfest. Denn allein die Kraft des Heiligen Geistes macht das Leben der Kirche aus. Erst das Pfingstereignis macht die Gemeinde der Jünger und Jüngerinnen zur Gemeinde des Heiligen Geistes. Zehn Tage zuvor, an Himmelfahrt, hatte sich Christi Ostersieg vollendet, indem er zu Gott-Vater im Himmel hindurchdrang. Dies wird durch das Bild vom Sitzen Christi zur Rechten des Vaters verdeutlicht. So wurde mit dem Pfingstereignis auch die christliche Lehre von der Dreifaltigkeit Gottes begründet: Vater, Sohn und Heiliger Geist. Christi Himmelfahrt ist gleichsam die Vorbereitung auf das zentrale Pfingstwunder, das Jesus vorhergesagt hatte. Der Heilige Geist wird zu den Jüngern und Jüngerinnen gesandt, damit sie fortan die Kraft besitzen, die neue, vom Judentum sich ablösende Lehre in die Welt zu tragen. Entsprechend wird der Sonntag nach Pfingsten »Trinitatis« (Dreifaltigkeitsfest) genannt: Gott begegnet dem Menschen in dreifacher Weise und doch als Einheit. Die Idee des Heiligen Geistes als dritte Person der göttlichen Dreieinigkeit setzte sich im Christentum aber erst vergleichsweise spät durch, und zwar in Gegnerschaft zur »pneumatomachischen« Richtung, die den Heiligen Geist lediglich als Geschöpf und Diener des Gott-Vaters deutete.

Das christliche Pfingstfest symbolisiert den endgültigen Bruch mit dem Judentum, denn im Pfingstereignis wird eine neue Kirche begründet, die als solche nunmehr vor die Weltöffentlichkeit tritt und ihren Weg in der Geschichte beginnt. Sie versteht sich als irdische Gemeinde des im Himmel thronenden Christus. Offen bleibt allerdings die Frage, ob Jesus überhaupt eine neue Kirche wollte. So absurd es klingt: Jesus Christus war selbst kein Christ.

Trotz des Bruchs mit dem Judentum, den Pfingsten bedeutet, bleibt die enge Bindung zwischen beiden Religionen bestehen, da Gott am jüdischen »Schawuot« den Heiligen Geist gesandt hat. Damit bekräftigt er die Bindung an den Glauben der Väter und an Gottes auserwähltes Volk. Deshalb könnte heutzutage gerade über »Schawuot-Pfingsten« die religiöse Annäherung und Aussöhnung zwischen Juden und Christen stattfinden.

Pfingsten ist für die Christenheit aber nicht nur das Gründungsfest der Kirche, sondern auch die Einsetzung der christlichen Taufe auf den Namen Jesu. In ihr wirkt die

Lebenskraft des Heiligen Geistes und macht nach christlicher Lehre aus dem Menschenleben erst ein mit Gott verbundenes Dasein.

An Pfingsten wird die Auferstehung Jesu erst zur Glaubenswahrheit und diese zum geistigen Fundament der Kirche erhoben. In jedem, der glaubt, ist Christus gleichsam von Neuem auferstanden. Als geschichtliches Faktum kann die Auferstehung Jesu nicht erfasst werden, im Gegensatz zu seinem Kreuzestod. Auch in den Evangelien ist die Auferstehung nur unzulänglich bezeugt. Wir wissen im Grunde nichts darüber, was damals nach dem Tod Jesu geschehen ist. Aber wir wissen von dem Glaubensfaktum, dass Jesus immer wieder bis auf den heutigen Tag in der Seele von Menschen »aufersteht«, indem er ihnen im Glauben begegnet. Hierin liegt das Geheimnis der christlichen Seele begründet, und an diesem hat niemand Anteil, der außerhalb dieses Geheimnisses steht. Freilich besitzen alle anderen Religionen ganz ähnliche Geheimnisse, ja, vermutlich handelt es sich in allen Religionen letztlich um dasselbe Glaubensgeheimnis.

Dennoch fällt auf, dass das frühlingshaft beschwingte Pfingstfest als echtes Hochfest der Kirche in den Herzen der Christen nicht wirklich verankert ist. Das hat wohl mit den Schwierigkeiten zu tun, die die Vorstellung eines Heiligen Geistes dem gewöhnlichen Christen bereitet: er bleibt, anders als Jesus Christus, unfassbar. Aber ist Unfassbarkeit nicht genau das, was Göttlichkeit ausmacht? Die bildliche Wiedergabe des Heiligen Geistes in Gestalt einer weißen Taube hilft da auch nicht weiter. Dieses Tiersymbol ist eine Anlehnung an jene Taube, die bei der Taufe

Jesu durch Johannes vom Himmel schwebte. Passender als die sanfte Taube erscheinen als Pfingstsymbole die feurigen Zungen und der Sturm – das, was der Heilige Geist im Menschen bewirken will: Begeisterung. Denn der Heilige Geist, das vergessen die Christen allzu gern, ist ein fröhlich zupackender, stürmischer Geist.

Hat die Religion eine Zukunft?

Gott sei Dank können wir nicht in die Zukunft schauen, wenngleich der Blick in die Zukunft gerade als religiöse Praxis immer wieder geübt wurde – ohne brauchbare Ergebnisse. Die Religionen haben stets Prophezeiungen aufgestellt und Erlösungsbilder entworfen bis hin zum Jüngsten Gericht, diesem Ende der Weltgeschichte. Auch das wird, obwohl schon oft mit genauem Datum angekündigt, noch eine Weile auf sich warten lassen. Trotz des Erlösungsversprechens durch Christus blieb die Welt bis heute schrecklich unerlöst. Aber darum geht es hier nicht; es geht um die Frage, ob Menschsein ohne Religion denkbar ist.

Warum nicht?, wird so mancher fragen. Schließlich gibt es unzählige Menschen, die ganz gut ohne Religion auskommen können. Wieso sollte nicht irgendwann die Menschheit als Ganze ohne Religion bestehen können? Und was heißt schon »Religion«? Man kann auch religiös sein ohne Religion.

Vielleicht sollten wir die Frage anders formulieren: Hat Religiosität eine Zukunft? Wenn wir unter »Religiosität« die grundlegende menschliche Sehnsucht nach »Transzendenz«, also nach Überschreitung des Diesseitigen, verstehen, so wird es Religiosität vermutlich so lange geben, wie es Menschen gibt. Denn der Mensch ist ein Wesen, das kraft seiner Intelligenz stets bestrebt ist, Grenzen zu überschreiten, gerade auch jene der Erfahrung, des Bewusstseins und des Wissens. Die existenzielle Grenze aber ist die des Todes. Wir wissen nicht, was jenseits dieser Grenze liegt: das Nichts oder etwas, von dem wir keine Vorstellung haben.

Also allein schon die Tatsache der Sterblichkeit veranlasst unser Bewusstsein, über den Tod hinauszudenken. Selbst wenn der Mensch unsterblich wäre, würde er sich vermutlich über die unfassbare Grenze seiner Unsterblichkeit hinaussehen. Ihn erfüllte dann die Sehnsucht, nicht mehr zu sein. Aber lassen wir das. Greifen wir lieber den nüchternen Einwand gegen das Religiöse auf, den wir eingangs anführten: dass es genügend Menschen gibt, die nicht religiös sind, weil sie ganz bewusst nicht über den Tod hinausdenken und ihn als Ende von allem akzeptieren. Es interessiert sie nicht, was nach dem Tod sein könnte, ja, sie sind sich absolut sicher, dass gar nichts sein wird: pechschwarze ewige Nacht. Und das sei auch gut so, denn nichts sei angenehmer, als nicht zu sein. Das Leben – nur ein kurzer Lichtriss in ewiger Nacht. Doch auch der Glaube an die Auslöschung im Nichts ist ein zutiefst religiöser Gedanke, um den die Religionen des Ostens kreisen. Das Nichts, so könnte man sagen, ist das Jenseits des Atheisten; an dieses glaubt er wie der fromme Christ ans Paradies. Kurzum: Der Mensch kommt der Religiosität nicht aus. Ans Nichts zu glauben ist auch ein Glaube.

Und so behaupten wir ganz frech: Solange es die Menschheit gibt, wird es Religiosität geben. Weil sie zum Menschsein gehört wie die Sprache, die Kunst, der Drang nach Erkenntnis und Grenzüberschreitung.

Aber wie sieht es mit der Religion aus? Danach haben wir ja eigentlich gefragt. Religion als Versuch, der von uns behaupteten Urreligiosität des Menschen eine Form zu geben. Also neu gefragt: Hat Religion und haben die Religionen eine Zukunft? Hier sieht die Sache anders aus. Nach dem, was sich weltweit beobachten lässt, verliert die Religion in dem Maße an Bedeutung, wie der Lebensstandard der Menschen wächst – ausgenommen in den USA. Dort ist das Christentum eine mächtige, die Gesellschaft stark prägende Kraft, die sogar tief ins Politische hineinwirkt. In Europa ist es anders. Seit der Aufklärung und der Entfaltung von Wissenschaft und Technologie befindet sich die Religion auf dem Rückzug. Wissen und Wohlstand scheinen in Europa Gift für die Religion zu sein, und zwar dann, wenn sich die kleinen und großen Hoffnungen des Menschen schon im Diesseits verwirklichen lassen. Und die Verweltlichung Europas scheint unaufhaltsam voranzuschreiten. Die Bindung der christlichen Kirchen zur Bevölkerung wird von Generation zu Generation schwächer. Existenzielle Fragen stellt sich der Mensch mehr und mehr außerhalb der Religion. Das moderne Europa sucht sein Heil auf tausenderlei verschlungenen Wegen. Das Religiöse vermischt sich mit anderen Bereichen der Gesellschaft, was dann zu sogenannten Ersatzreligionen führt, die sich jeder ganz individuell gestalten kann. Denn vom Individualismus wird unsere moderne Lebens- und Geisteswelt immer stärker geprägt.

Diesem modernen Trend suchen sich die alten und verblassten Kirchen anzupassen, indem sie »auf jung machen«. Und sie wollen es darüber hinaus jedem irgendwie recht machen. Das gilt vor allem für die evangelische Kirche, die auf Teufel komm raus mit der Zeit gehen will. Aber dadurch schwächt sie nur ihre Glaubwürdigkeit – und die Würde des Glaubens –, die doch allein im Evangelium begründet ist. Die evangelische Kirche braucht nichts anderes – und hat nichts anderes – als das Wort Gottes, und dieses kann durch nichts ersetzt werden, eben weil es unvergleichlich ist. Wenn das Wort Gottes bei den Menschen nicht mehr ankommt, dann haben die Menschen ein Problem mit Gott. Aber Gott hat keines mit den Menschen, denn schließlich hat er ihnen ja gesagt, was zu sagen ist. Das Evangelium ist kein Gegenstand, den man mit allerlei kirchlichen Marketingaktionen aufpeppen muss. Wenn die Menschen in Scharen der Kirche davonlaufen, dann hat das vielleicht auch damit zu tun, dass das Wort Gottes von ihr nicht glaubwürdig – glaubenswürdig – vertreten wird.

Jesus war anders: unangepasst, rebellisch, den Unterdrückten und Beladenen zugetan. Auch die protestantische Kirche war, diesem Geist Jesu folgend, ursprünglich eine Protestbewegung. Es ging ihr um nichts Geringeres als die »Freiheit eines Christenmenschen« (Luther). Und heute? Eine erschreckende Angepasstheit beider Kirchen innerhalb dieser sogenannten »Deutschland AG« ist festzustellen, in der alles nur noch den Erfordernissen der Ökonomie und der globalisierten Warenmärkte gehorchen soll. Und die Kirchen machen stillschweigend mit, anstatt diesem Wahn aus Geld und Kommerz mit ihrer ganzen moralischen Autorität entgegenzutreten. Denn die Wurzel ihrer Autorität ist doch das Gebot der Nächstenliebe.

Glaube, Liebe, Hoffnung – das sind durchaus Seelenkräfte, nach denen sich der Mensch in dieser kalten und orientierungslosen Welt sehnt. Wenn die Kirchen diese Sehnsucht nicht zu stillen vermögen, weil sie selbst das Wort Gottes nicht radikal ernst nehmen, dann suchen die Menschen notgedrungen nach Ersatz. Und so wird ihnen am Ende alles Mögliche zur Religion. Während leere Gotteshäuser für weltliche Zwecke umfunktioniert werden, erhalten weltliche Bauten geradezu religiöse Weihen. So findet die Sinnsuche unserer Tage immer weniger in den Kirchen statt. Aus Kirchen werden Museen, Rathäuser oder Jugendfreizeitheime. Gleichzeitig werden Fußballstadien zu »Kathedralen« erhoben. In den USA nennt man sie »dome« oder gar »super-dome«. Wenn dann der Papst die Messe in einem solchen »dome« feiert, schließt sich der Kreis: der »dome« wird zum Dom, der Gottesdienst zum »event«.

Die Kirchen müssen sich den Vorwurf gefallen lassen, dass sie die Verweltlichung ihrer heiligen Räume selbst angeregt haben. Sie meinten, junge Menschen dadurch für den Glauben gewinnen zu können, dass sie Gottesdienste mit Rockmusik und Disco verknüpfen und das Ganze als moderne Aufgeschlossenheit hinstellen. Aber diese Rechnung geht nicht auf. In einer schnelllebigen, von Moden und Märkten diktierten Welt mit ihren Ikonen, Götzen und Heiligen machen die Kirchen einen großen Fehler, wenn sie den Glauben als ein Produkt unter vielen verkaufen wollen. Dann wird am Ende aus dem Kreuz ein Label und aus der Kirche ein Kaufhaus. Tatsächlich begreifen sich die beiden großen Staatskirchen zunehmend als Wirtschaftsunternehmen, in denen verstärkt darüber nachgedacht wird, wie man das »Produkt Glauben« am besten an den Mann und die Frau bringt. Glaubensmarketing ist gefragt. Gottlob regt sich Widerstand: Das Gotteshaus müsse Sakralraum, also heiliger Raum bleiben, fordern Gläubige. Und wenn er leer bleibt? Nun, dann müsse man ganz nüchtern feststellen, dass am Sakralen in dieser Gesellschaft momentan kein Interesse besteht, dass der »Spaßfaktor« den meisten wichtiger ist als der »Sakralfaktor«.

Anders sieht es mit der Religion in den armen Regionen der Welt aus. In vielen Ländern Afrikas und Lateinamerikas ist eine Stärkung der christlichen Kirchen feststellbar, sodass mancher sogar geneigt ist, die Zukunft des Christentums in der sogenannten »Dritten Welt« zu sehen. Was ja wohl nichts anderes heißt, als dass diese »Dritte Welt« auch in Zukunft arm bleiben soll. Aber stärkt die wachsende Armut in vielen Regionen der Erde wirklich die christlichen Kirchen? Da sind Zweifel angebracht. Armut ist niemals ein positiver Faktor für irgendetwas. Wenn man genauer hinsieht, stellt man ohnehin fest, dass die weltweite Zunahme und Radikalisierung des Religiösen nicht den großen christlichen Kirchen, sondern dubiosen christlichen und anderen Sekten zugutekommt. Auf dem afrikanischen Kontinent zum Beispiel treiben inzwischen mehr als 10 000 christliche Sekten und Freikirchen ihr Unwesen. Die meisten von ihnen sind erst in den vergangenen Jahren entstanden. Dabei weckten die beiden großen christlichen Kirchen noch Anfang der 90er-Jahre die Hoffnung vieler Afrikaner, da sie sich mutig gegen die diktatorischen Regime wandten und Demokratie und

Menschenrechte einforderten. Doch seit dem Ende des Kalten Kriegs und mit Beginn des allgemeinen Chaos, in das weite Teile Afrikas seitdem gestürzt sind, haben sich dort auch im religiösen Leben radikale Tendenzen breitgemacht. In Zeiten der sozialen Instabilität, des Kriegs und der Armut wächst für die Menschen zwar der Wert der Religion, doch dem Glauben kommt dabei jegliche Toleranz und Liberalität, nicht zuletzt auch jede Vernunft abhanden. Glaube ohne Vernunft aber ist gefährlich. So ist nicht zufällig die stärkste christliche Sektenbewegung in Afrika die sogenannte »Pfingstkirche«, die ihren Ursprung in den USA hat. Sie predigt den baldigen Weltuntergang und die Wiederkehr Jesu, sieht im Islam eine Ausgeburt des Teufels und betrachtet Hunger, Armut, Kriege, Krankheiten und Naturkatastrophen als Prüfungen Gottes, die es durchzustehen gelte, um später ins Paradies zu gelangen. Noch sind diese Sekten zum Teil sehr weltentrückt, doch die Feindseligkeiten zwischen christlichen und muslimischen Fanatikern nehmen zu. Sehr schnell können sich daraus bürgerkriegsähnliche Konflikte entwickeln, in denen der Glaube zur mörderischen Waffe wird. Denn wo die Religionen jung und frisch sind, sind sie meistens auch sehr aggressiv.

Doch die christliche Lehre erfährt in den armen Ländern Afrikas noch eine andere bedenkliche Veränderung: sie vermischt sich mit alten afrikanischen Religionstraditionen, in denen Naturgeister und Zauberkulte eine wichtige Rolle spielen. Dadurch entsteht eine totale Entfremdung zwischen dem Christentum der nördlichen und dem der südlichen Erdhalbkugel, mehr noch: Es wird im christlichen Afrika teilweise schon eine richtige Front gegen den »verkommenen Norden« (= Europa) aufgebaut. Während das Christentum in den reichen Ländern des Nordens mehr und mehr verweltlicht und dabei immer blasser wird, versinkt es in den armen Ländern des Südens in einem Sumpf aus Fanatismus, Magie und Gewalt. Das gilt auch für manche Länder Lateinamerikas, wo sich befremdliche Mixturen aus indianischer und katholischer Religion gebildet haben.

Vielleicht sieht ja die Zukunft der Religionen weltweit so aus, dass sie sich nicht nur innerlich in unzählige Sekten zergliedern, sondern überhaupt alles ein großer Religionsmischmasch wird. Bis sich irgendwann die Grenzen zwischen Religion, Politik, Wirtschaft, Krieg und Verbrechen total vermischen. Dabei könnte die Religion auch noch als ideales Mittel der Herrschaftskontrolle eingesetzt werden. Tendenzen in diese Richtung sind bereits festzustellen. Wer die falsche Religion hat, hat in manchen Regionen der »Dritten Welt« schon heute nichts mehr zu melden.

Die Religionen nehmen weltweit gewaltig zu, doch die religiöse Gewalt auch. Das hat damit zu tun, dass die Welt ganz allgemein immer instabiler wird. Das Anwachsen des Religiösen muss also nicht unbedingt ein gutes Zeichen sein. Im schlimmsten Fall könnte es sogar sein, dass die Welt an ihrer fanatisierten Religiosität zugrunde geht. Die religiöse Gewalt scheint momentan noch vorwiegend von islamischen Eiferern auszugehen, doch so mancher Historiker oder Religionswissenschaftler sieht für das 21. Jahrhundert das radikalisierte Christentum als das größere Problem an. Wenn man davon ausgeht, dass sich die Krisen auf unserem Planeten in Zukunft verschärfen werden, so besteht nur wenig Hoffnung, dass die Religionen dazu beitragen werden, sie zu entschärfen – was freilich ihre edelste Aufgabe wäre.

Man ist ja als vernünftiger Mensch fast geneigt zu wünschen, dass in Europa die Religion nie mehr zu ihrer alten Macht zurückfinden möge. Lieber keine Religion als eine, die die Gesellschaft wieder nach rückwärts führen möchte, wie das in den USA unter der »religiösen« Regierung Bush zu beobachten war. Dabei ist es ja so, dass alles, was wir als Menschen der Moderne schätzen (Freiheit, Gleichheit, Brüder- und Schwesterlichkeit), ein unmittelbares Erbe der jüdischen Gerechtigkeit und der christlichen Liebe ist. Und zu diesem Erbe gibt es keine Alternative. Das müssten nur endlich auch die Religionen, genauer: ihre Anhänger, begreifen.

Die Zukunft der Religion wird davon abhängen, ob es der Menschheit gelingt, den Wesenskern aller großen Religionen (Liebe, Gerechtigkeit, Mitgefühl) freizulegen, der auch der Wesenskern jeder freiheitlich-demokratischen Gesellschaft ist. Im Fundamentalismus, der zurzeit fast alle Religionen erfasst hat – voran den Islam –, wird dieser Wesenskern auf mörderische Weise zerstört. Der Fundamentalismus ist die dämonische Seite der Religion – nein, die dämonische Seite des religiösen Menschen, der die Religion für menschenverachtende Zwecke missbraucht.

Derzeit scheint sich die Frage nach der Zukunft der Religion vor allem in einem Punkt zuzuspitzen: Was wird die Zukunft des Islam sein? Wird es der jüngsten, aber irgendwie in der Vergangenheit stecken gebliebenen Weltreligion gelingen, sich zu modernisieren? Werden sich die Muslime zu neuen Deutungen ihres heiligen Buchs durchringen können? Doch wie schon gesagt: Das eigentliche Problem ist nicht »der Islam«, sondern sind die islamistischen Fanatiker, die die Religion für ihre gewalttätigen Ziele missbrauchen, indem sie ihre Schandtaten mit aus dem Zusammenhang gerissenen Koranstellen zu rechtfertigen suchen. Auch in der Bibel fänden sich dafür genügend Stellen.

Dass sich islamistische Länder zunehmend radikalisieren, muss allerdings nicht verwundern, fühlt sich doch die islamische Welt am stärksten von der Moderne im Stich gelassen. Es ist zu befürchten, dass eine weitere Verschärfung der Weltprobleme (Umweltzerstörung, Klimawandel, Ressourcenverknappung etc.) die religiösen Massen noch weiter radikalisieren wird, und zwar nicht nur im Islam. Es besteht die große Gefahr, dass die fundamentalistischen Strömungen auf allen Seiten stärker werden und sich in eine Spirale der Gewalt hineintreiben. Denn die Fundamentalisten, welcher Religion auch immer, ähneln sich in ihrer Verbohrtheit. Sie ähneln sich vor allem in dem Anspruch, ihre heiligen Bücher wortwörtlich – und damit einzig richtig – zu verstehen.

Dass die Weltpolitik zurzeit sehr stark mit zerstörerischer Religiosität aufgeladen ist, vor allem durch die Islamisten, muss beängstigen. Dennoch gibt es keinen vorgezeichneten Weg in einen großen kriegerischen Zusammenprall des christlichen Abendlands mit dem islamischen Morgenland. Dies zu verhindern ist Aufgabe aller Aufgeklärten und Vernünftigen, also all jener, die um die dunkle und abgründige Seite der Religion wissen – und allein ihre helle und menschenfreundliche Seite akzeptieren.

Momentan ist die Frage nach der Zukunft der Religion offen, so offen wie die Frage nach der Zukunft der Menschheit. An sich ist Religion das kraftvollste Mittel der Zukunftssicherung, weil sie das Wort Gottes verkündet. Nur, sie ist auch Deuterin dieses Worts und zeigt sich darin in erschreckendem Maße als Meisterin der Missdeutung, Fälschung und Lüge. Das liegt wie ein Fluch auf der Religion: sie versteht sich selbst nicht. Wo doch ihre Botschaft so klar ist: Liebe, Gerechtigkeit, Mitgefühl.

Die Religion der Zukunft wird noch deutlicher zu erkennen haben, was Gott mit der Menschheit vorhat. Sie wird erkennen müssen, dass sie eigentlich nicht um des Menschen willen da ist, sondern um Gottes willen. Die Evolution im ganzen Universum und hier auf der kleinen Erde ist Gottes Plan, und der Mensch ist offensichtlich noch weit davon entfernt, diesen zu verstehen. In der Religion gibt sich der Mensch der Illusion hin, er sei in diesem unendlichen Kosmos der Gottheit liebstes Kind. Aber wer weiß, ob es nicht in einer der 100 Milliarden Galaxien ein intelligentes Wesen gibt, das Gott viel näher ist als wir?

In welcher *Welt* würdest du gerne *leben?*

160 Seiten. Gebunden. Ab 14 Jahren

Seit 2500 Jahren gibt es Utopien, Vorstellungen von einem idealen Staat, einer besseren Gesellschaft mit besseren Menschen. Ob Platon, Thomas Morus, Karl Marx oder Romanautoren wie Wells, allen ist gemeinsam, dass sie von einer besseren Welt träumten. Fragen der Staatsführung, der Herrschaft, aber auch der Erziehung, Bildung und Rollenverteilung der Geschlechter stehen im Zentrum ihrer Visionen. Manfred Mai hat in diesem fesselnden Jugendbuch die großen Menschheitsentwürfe aus Politik, Geschichte und Philosophie zusammengefasst. Wer es liest, kommt nicht umhin, sich Fragen zu stellen. Brauchen wir die Utopie? Und ist die Welt, in der wir leben, die beste aller möglichen?